DEUTSCHES ARCHÄOLOGISCHES INSTITUT
ABTEILUNG MADRID

MADRIDER FORSCHUNGEN

Band 8

1971

WALTER DE GRUYTER & CO. / BERLIN

DEUTSCHES ARCHÄOLOGISCHES INSTITUT
ABTEILUNG MADRID

UNTERSUCHUNGEN ZUM RÖMISCHEN STÄDTEWESEN AUF DER IBERISCHEN HALBINSEL

VON

HARTMUT GALSTERER

1971

WALTER DE GRUYTER & CO. / BERLIN

MIT EINER KARTE

©

1971 by Walter de Gruyter & Co., Berlin 30

vormals G. J. Göschen'sche Verlagshandlung · J. Guttentag, Verlagsbuchhandlung

Georg Reimer · Karl J. Trübner · Veit & Comp.

(Printed in Germany)

ISBN 3 11 003612 6

Satz und Druck: Walter de Gruyter & Co., Berlin 30

D 29

MEINER MUTTER

VORWORT

Die vorliegende Arbeit ist eine überarbeitete Fassung meiner Dissertation, die im Juli 1968 von der Philosophischen Fakultät der Friedrich-Alexander-Universität Erlangen-Nürnberg angenommen wurde. Mein Lehrer, Prof. Dr. Fr. Vittinghoff, hat die Arbeit angeregt und ihren Fortgang durch zahlreiche wertvolle Ratschläge gefördert. Danken möchte ich auch Herrn Prof. Dr. Helmut Schlunk und der Abteilung Madrid des Deutschen Archäologischen Instituts für die Aufnahme dieser Dissertation in die Madrider Forschungen und für die Gastfreundschaft, mit der ich im März 1969 in Madrid aufgenommen wurde, ebenso der Fritz-Thyssenstiftung, die mir diese Reise ermöglichte. Die Herren Professoren G. Alföldy, Bochum, H. Nesselhauf, Konstanz und H.-G. Pflaum, Paris haben die Arbeit gelesen und mich durch Anregungen und Einwände vor vielen Fehlern bewahrt. Einige Verbesserungsvorschläge meiner Frau sowie meiner Freunde Dr. W. Eck und H. Wolff habe ich dankbar aufgegriffen.

Ich hoffe, die Literatur bis 1968 aufgearbeitet zu haben. Später erschienene Werke konnten nur ausnahmsweise berücksichtigt werden. Die Arbeit bemüht sich, Wiederholungen von bereits Bekanntem und Geklärtem möglichst zu vermeiden. Daß dabei nicht lesbare „Geschichte" entstand, ist niemandem besser bekannt als dem Verfasser.

Köln, März 1970   Hartmut Galsterer

INHALTSVERZEICHNIS

VERZEICHNIS DER HÄUFIGER ZITIERTEN LITERATUR

AE. = L'année épigraphique. Revue des Publications Epigraphiques relatives à l'Antiquité Romaine. Paris 1888 ff.

ALBERTINI = E. Albertini, Les divisions administratives de l'Espagne. Thèse Paris 1923.

ALFÖLDY, FASTI = G. Alföldy, Fasti Hispanienses. Senatorische Reichsbeamte und Offiziere in den spanischen Provinzen des römischen Reiches von Augustus bis Diokletian. Wiesbaden 1969.

ALMEIDA, EGITÂNIA = F. de Almeida, Egitânia. Historia e Arqueologia. Lisboa 1956.

BALIL, ASPECTOS = A. Balil, Algunos aspectos del proceso de la romanización de Cataluña, Ampurias 17/18, 1955/56, 39 ff.

BELTRÁN, LAS ANTIGUAS MONEDAS = A. Beltrán Martínez, Sobre las antiguas monedas latinas de España y especialmente de Carthago Nova, Numisma 1, 1952, 9 ff.

BELTRÁN, RÍO EBRO = id., El río Ebro en la Antigüedad Clásica, Caesaraugusta 17, 1961, 65 ff.

BERGER, DICTIONARY = A. Berger, Encyclopedic Dictionary of Roman Law, Transactions of the American Philosophical Society, New Series XLIII 2, Philadelphia 1953.

BLÁZQUEZ, ESTADO = J. M. Blázquez, Estado de la Romanización de Hispania bajo César y Augusto, Emerita 30, 1962, 71 ff.

BolAcad Hist. = Boletín de la Real Academia de Historia de Madrid. Madrid 1823 ff.

BRAUNERT, IUS LATII = H. Braunert, Ius Latii in den Stadtrechten von Salpensa und Malaca, Corolla memoriae E. Swoboda dedicata, Römische Forschungen in Niederösterreich V, Graz-Köln 1966, 68 ff.

BROUGHTON, MAGISTRATES = T. R. S. Broughton, The Magistrates of the Roman Republic I, II, Suppl. New York 1951, 1953, 1960.

CAGNAT = R. Cagnat, Cours d'épigraphie latine. Paris 1914⁴.

COHEN = H. Cohen, Description historique des monnaies frappées sous l'empire Romain I—VIII. Paris 1880—1892².

DE. = Dizionario Epigrafico di Antichità Romane di E. de Ruggiero. Rom 1895 ff.

DEGRASSI, FASTI = A. Degrassi, I fasti consolari dell'Impero Romano dal 30 avanti Cristo al 613 dopo Cristo, Sussidi Eruditi 3. Rom 1952.

DEGRASSI, ILLRP = A. Degrassi, Inscriptiones Latinae Liberae Rei Publicae I, II. Rom 1965², 1963.

DEGRASSI, QUATTUORVIRI = A. Degrassi, Quattuorviri in colonie romane e in municipi retti da duoviri, Mem. Lincei ser. VIII 2, 1950, 281 ff.

DETLEFSEN = D. Detlefsen, Die Geographie der tarraconensischen Provinz bei Plinius (III 18—30, 76—79, IV 110—112), Philologus 32, 1873, 600 ff.

ECKHEL = J. Eckhel, Doctrina Numorum Veterum I—IX, Wien 1792 ff.

EE. = Ephemeris Epigraphica. Corporis Inscriptionum Latinarum Supplementum, Berlin I 1872 — IX 1913.

FIRA I² = S. Riccobono, Fontes Iuris Romani Anteiustiniani. I. Leges, Florenz 1941².

FIRA II = dass. II. Auctores, ed. J. Baviera, Florenz 1940.

FORNI, PSEUDOTRIBÙ = G. Forni, Il tramonto di un'istituzione: Pseudo-tribù romane derivate da soprano-mi imperiali. Studia Ghisleriana I 2 (Studi Giuridici in memoria di A. Passerini), Mailand 1955, 89 ff.

GABBA = E. Gabba, Ricerche sull'esercito professionale romano da Mario ad Augusto, Athenaeum 29, 1951, 171—272.

B. GALSTERER-KRÖLL = B. Galsterer-Kröll, Untersuchungen zu den Beinamen und der Rechtsstellung von Städten des Imperium Romanum. Epigraphische Studien 9, 1971 (im Druck).

GARCIA y BELLIDO, COLONIAS DE LUSITANIA = A. García y Bellido, Las colonias romanas de la provincia Lusitania, Arqueología e Historia 8, 1958, 13 ff.

GARCÍA y BELLIDO, COLONIAS = id., Las colonias romanas de Hispania, Anuario de Historia del Derecho Español 29, 1959, 447 ff.

GARCÍA y BELLIDO, HOMENAJE MERGELINA = id., Las colonias romanas de Valentia, Carthago Nova, Libisosa e Ilici. Homenaje al profesor Cayetano de Mergelina, Murcia 1962, 367 ff.

GARCÍA y BELLIDO, ESCULTURAS = id., Esculturas hispano-romanas de época republicana, Mélanges J. Carcopino, Paris 1966, 419 ff.

GRANT, FITA = M. Grant, From Imperium to Auctoritas. A Historical Study of the Aes Coinage in the Roman Empire 49 BC — AD 14. Cambridge 1946 (Reprint mit wenigen Addenda: Cambridge 1969).

GRANT, ASPECTS = id., Aspects of the Principate of Tiberius. Numism. Notes and Monographs 116, 1950.

HAE. = Hispania Antiqua Epigraphica, Madrid 1, 1950 ff.

HAMPL = F. Hampl, Zur römischen Kolonisation in der Zeit der ausgehenden Republik und des frühen Prinzipates. RhMus. 95, 1952, 52 ff.

HARDY = E. G. Hardy, Three Spanish Charters and other Documents. Oxford 1912.

HE = R. Menéndez Pidal, Historia de España II (Mitarbeiter P. Bosch Gimpera, P. Aguado Bleye, M. Torres, A. García y Bellido u. a.), Madrid 1955².

HENDERSON = M. J. Henderson, Iulius Caesar and Latium in Spain, JRS. 32, 1942, 1 ff.

HILL, COINAGE = G. F. Hill, Notes on the Ancient Coinage of Hispania Citerior, Numism. Notes and Monographs 50, 1931.

ILMAR = L. Chatelain, Inscriptions Latines du Maroc, Paris 1942.

ILS = H. Dessau, Inscriptiones Latinae Selectae I—III, Berlin 1892—1916.

KORNEMANN, COLONIA = E. Kornemann, colonia, RE. 4, 1900, 510 ff.

KORNEMANN, MUNICIPIUM = id., municipium, RE. 16, 1933, 570 ff.

LAFFI = U. Laffi, Adtributio e Contributio. Problemi del sistema politico-amministrativo dello Stato Romano. Pisa 1966.

MANNI = E. Manni, Per la storia dei municipi fino alla guerra sociale. Rom 1947.

MARCHETTI = M. Marchetti, Hispania, DE. 3, 1922, 754 ff.

McELDERRY = R. Knox McElderry, Vespasian's Reconstruction of Spain, JRS 8, 1918, 53 ff.; 9, 1919, 86 ff.

MEYER, STAAT UND STAATSGEDANKE = E. Meyer, Römischer Staat und Staatsgedanke. Zürich 1964³.

MOMMSEN, STADTRECHTE = Th. Mommsen, Die Stadtrechte der latinischen Gemeinden Salpensa und Malaca in der Provinz Baetica, Ges. Schr. I 1905, 265 ff.

MOMMSEN, ST.-R. = id., Römisches Staatsrecht I—III, Leipzig 1887/88³.

NOSTRAND = J. J. van Nostrand, The Reorganization of Spain by Augustus, University of California Publications in History, IV 2, 1916, 83 ff.

D'ORS, EPIGRAFIA = A. d'Ors, Epigrafía Jurídica de la España Romana, Publicaciones del Instit. Nacional de Estudios Jurídicos, ser. V, Madrid 1953.

PFLAUM, CARRIERES = H. G. Pflaum, Les carrières procuratoriennes équestres sous le Haut-Empire romain. Institut Français d'Archéologie de Beyrouth, Bibliothèque archéologique et historique t. LVII, I—III, Paris 1960/61.

Verzeichnis der häufiger zitierten Literatur

PIR = Prosopographia Imperii Romani saec. I, II, III edd. E. Klebs, H. Dessau, P. de Rhoden. Berlin 1897/98.

PIR² = dass., iteratis curis edd. E. Groag, A. Stein u. a., Berlin 1933 ff.

RE.² = Der kleine Pauly, Lexikon der Antike auf der Grundlage von Pauly's Realencyclopädieder classischen Altertumswissenschaft ... herausgegeben von K. Ziegler und W. Sontheimer, Stuttgart 1964 ff.

RIC = H. Mattingly, E. A. Sydenham, u. a., The Roman Imperial Coinage, London 1923 ff.

RITTERLING, LEGIO = E. Ritterling, legio, RE 12, 1924/5, 1211 ff.

SALMON = E. T. Salmon, Roman Colonization under the Republic, London 1969.

SAUMAGNE, VOLUBILIS = Ch. Saumagne, Volubilis, Municipe Latin, Rev. hist. de droit franç. et étr. 30, 1952, 388 ff.

SAUMAGNE, RD 1962 = id., Une colonie latine d'affranchis, Carteia (Liv. 43,8), a. O. 40, 1962, 135 ff.

SAUMAGNE, DROIT LATIN = id., Le droit latin et les cités romaines sous l'empire. Essais critiques. Publications de l'institut de droit Romain de l'université de Paris XXII, Paris 1965.

SAUMAGNE, OBSERVATIONS = id., Quelques observations sur la "Constitutio Antoniniana", Mélanges J. Carcopino, Paris 1966, 849 ff.

SCHÖNBAUER, MUNICIPIA UND COLONIAE = E. Schönbauer, Municipia und coloniae in der Prinzipatszeit, Anz. Akad. Wien 1954, 2.

SHERWIN-WHITE = A. N. Sherwin-White, The Roman Citizenship, Oxford 1939.

SMALLWOOD, 1966 = E. M. Smallwood, Documents illustrating the Principates of Nerva, Traian and Hadrian, Cambridge 1966.

SUTHERLAND = C. H. V. Sutherland, The Romans in Spain 217 BC. — AD. 117, London 1939.

SYME = R. Syme, Colonial Elites. Rome, Spain and the Americas, London 1958.

SYME, TACITUS = id., Tacitus I—II, Oxford 1958.

TEUTSCH, STÄDTEWESEN = L. Teutsch, Das Städtewesen in Nordafrika in der Zeit von C. Gracchus bis zum Tode des Kaisers Augustus, Berlin 1962.

THOUVENOT = R. Thouvenot, Essai sur la province romaine de Bétique, Bibliothèque des Écoles Françaises d'Athènes et de Rome, t. 149, Paris 1940.

VILLARONGA, SAGUNT = L. Villaronga Garriga, Las monedas de Arse-Saguntum. Barcelona 1967.

VITTINGHOFF, KOLONISATION = F. Vittinghoff, Römische Kolonisation und Bürgerrechtspolitik unter Caesar und Augustus, Abh. Akad. Mainz 1951, 14.

VITTINGHOFF, STADTRECHTSFORMEN = id., Römische Stadtrechtsformen der Kaiserzeit, Zeitschr. Sav.-Stift., Rom. Abt. 68, 1951, 435 ff.

VITTINGHOFF, COROLLA = id., Zur vorcaesarischen Siedlungs- und Städtepolitik in Nordafrika. Bemerkungen zu den „Städtelisten" des Plinius (n. h. V), Corolla memoriae E. Swoboda dedicata, Römische Forschungen in Niederösterreich V, Graz-Köln 1966, 225 ff.

VIVES = A. Vives y Escudero, La moneda Hispánica I—IV, Madrid 1926.

WILSON = A. J. N. Wilson, Emigration from Italy in the Republican Age of Rome, Manchester 1966.

Die Itinerare werden zitiert nach:
Itineraria Romana, edd. O. Cuntz, J. Schnetz 1. 2, Leipzig 1929, 1940.

Die Gromatici werden zitiert nach:
Die Schriften der römischen Feldmesser, herausgegeben und erläutert von F. Blume, K. Lachmann, A. Rudorff, Th. Mommsen und E. Burian, I, II. Berlin 1848, 1852.

I VORAUSSETZUNGEN UND QUELLENLAGE

Das Problem, wie von Rom aus, das seiner ganzen Verfassung nach als Stadtstaat angelegt war, das immer weiter um sich greifende Imperium verwaltet werden sollte, wurde definitiv erst unter Augustus gelöst, der allerdings die Grundzüge der republikanischen Praxis beibehielt. Eine engmaschige, bürokratische Regierung der Provinzen kam schon aus finanziellen Gründen nicht in Frage, da die Römer immer darauf sahen, daß der Ertrag, den ein solches „Außenland" in Form von Tributen, Zöllen und indirekten Steuern einbrachte, in einem vernünftigen Verhältnis zu den Verwaltungskosten stand[1]. Deshalb blieb lange Zeit der administrative Apparat in den Provinzen recht bescheiden: neben dem Statthalter ein oder mehrere Legati bzw. ein Quaestor als seine Vertreter und Gehilfen, für die Finanz- und Steuerverwaltung kaiserliche Prokuratoren mit einem zahlenmäßig sehr geringen Unterpersonal und für Polizeiaufgaben das Militär[2]. Bei dieser Sachlage blieb als einzige Alternative, möglichst weite Gebiete staatlicher Aktivität der Selbstverwaltung der Provinzialen zu überlassen und sich selbst auf die administrative Aufsicht und Oberleitung zu beschränken. Die Selbstverwaltung wurde zumeist den schon vorhandenen politischen Gebilden, d. h. Städten, Gauen oder Stämmen, übertragen, also territorialen Einheiten, denn auch die Städte hatten in der Antike ihr — oftmals recht großes — Landgebiet[3]; die große Mehrzahl der „Städte" des römischen Reiches waren ja Ackerbürgergemeinden und die städtische Aristokratie bestand aus Familien großer Landbesitzer. Bei den Stämmen mußte oft erst ein administrativer Mittelpunkt, ein *oppidum*, geschaffen werden, damit sie die ihnen vom Reich übertragenen Funktionen ausfüllen konnten[4]. Die römische Herrschaft brachte also aus rein verwaltungstechnischen Gründen auch fast immer eine weitgehende Urbanisierung der unterworfenen Gebiete mit sich. Mit dieser Urbanisierung verband sich im Westen des Reiches[5] eine im Lauf der Zeit immer stärker werdende Romanisierung, da sich die Italiker (Auswanderer, Händler, verabschiedete Soldaten) hauptsächlich in den Städten niederließen und die regierende Oberschicht der Gemeinden für römische Kultur und Zivilisation am empfänglichsten war.

---

[1] Vgl. G. Wesenberg, Provincia, RE. 23, 1957, 995 ff. und H. Volkmann, Die römische Provinzialverwaltung der Kaiserzeit im Spiegel des Kolonialismus, Gymnasium 68, 1961, 395 ff.

[2] Zusammenfassend dargestellt zuletzt bei G. H. Stevenson, Roman Provincial Administration till the Age of the Antonines, Oxford 1939, bei Wesenberg a. O. und zuletzt bei F. Millar, Das römische Reich und seine Nachbarn, Fischer-Weltgeschichte VIII, Frankfurt 1966, bes. 85 ff.

[3] Vgl. zum Territorium von Emerita unten S. 23; zu Corduba Strabo 3, 2, 1. Auf das Problem der Städte ohne Territorium (z. B. Caudium, CIL IX 2165; interessante griechische Parallelen bei F. Hampl, Poleis ohne Territorium, Klio 32, 1939, 1 ff. = Zur griechischen Staatskunde, WdF 96, Darmstadt 1969, 403 ff.) soll hier nicht eingegangen werden.

[4] Die Kelten in Spanien, Britannien und Gallien besaßen oft bereits solche oppida, die meist als Fliehburgen auf Höhen errichtet waren. Soweit diese Städte nicht im Verlauf der römischen Herrschaft aus militärischen Gründen in flaches, besser zu überwachendes Gelände umgesiedelt wurden (bekannteste Beispiele sind in Gallien Bibracte und Gergovia, die als Augustodunum bzw. Augustonemetum neu errichtet wurden, und in Spanien die oppida der katalonischen Küste wie Iluro, Baetulo, Barcino, vgl. J. C. Serra Ráfols, Los orígenes de una ciudad, Crónica del VIII Congr. Nacional de Arq., Sevilla-Málaga 1963 (Zaragoza 1964) 437.

[5] Im Osten, d. h. in den vorwiegend griechisch sprechenden Gebieten des Reiches, konnten die römischen Institutionen niemals solchen Einfluß wie im Westen erringen. Hier blieb weiterhin die griechische Polis Vorbild und auch die Neugründungen der Römer waren solche Poleis. Von Städten privilegierten Rechts gab es dort nur Kolonien und auch diese wurden meist ziemlich schnell weitgehend graezisiert; vgl. hierzu grundsätzlich Vittinghoff, Kolonisation 38, 89 ff. und D. Nörr, Imperium und Polis in der hohen Prinzipatszeit, Gymnasium 72, 1965, 485 ff.

1 Galsterer

Unterstützt wurde diese langsame Durchdringung mit römischer Sprache und römischen Lebensgewohnheiten durch die immer weitere Verbreitung des römischen Bürgerrechtes auch in den Provinzen. In der Republik wurde die *civitas Romana* außerhalb Italiens nur an wenige, um den römischen Staat verdiente Einzelpersonen gegeben, doch setzte sich seit Caesar die Verleihung auch an die Bürgerschaft ganzer Gemeinden immer mehr durch[6]. Neben dem vollen Bürgerrecht wurde an manche Städte (oder an ganze Provinzen) auch das latinische Recht verschenkt, das den „Latinern" die privatrechtliche Gleichstellung mit den römischen Bürgern und den Beamten ihrer Städte die Übernahme in die *civitas Romana* sicherte. Wenn eine bisher peregrine Stadt römisches oder latinisches Recht verliehen bekam, wurde sie als Municipium oder Kolonie eingerichtet. Ursprünglich waren Kolonien — sowohl solche römischen als auch latinischen Rechts — „deduziert" worden, d. h. von aus Rom gesandten Ansiedlern neu gegründet, während Municipien Gemeinden waren, deren Bürgern irgendwann römisches oder latinisches Recht verliehen worden war, ohne daß ihre städtischen und administrativen Traditionen unterbrochen waren[7]. Seit 89 v. Chr. wurden jedoch auch latinische Kolonien *veteribus incolis manentibus* gegründet[8] und in der Kaiserzeit, vor allem seit Trajan, entstand auch ein Großteil der Bürgerkolonien durch Besserstellung bisher peregriner oder latinischer Gemeinden oder durch Rangerhöhung römischer Municipien[9]. Die Unterschiede zwischen beiden Stadttypen hatten sich in hadrianischer Zeit schon so verwischt, daß mit Ausnahme des Titels keine Besonderheiten mehr festgestellt werden konnten[10], ebenso wie auch die innere Organisation in römischen und latinischen Städten, Kolonien und Municipien stark nivelliert war. Auch die noch peregrinen Orte kopierten immer mehr die Institutionen der privilegierten Gemeinden mit der Dreiteilung von Beamten, Rat und Volksversammlung, ja sie konnten sogar Aedilen, Quaestoren und Quinquennalen haben[11]. Es scheint jedoch, daß ihnen verboten war, ihre Oberbeamten als IIviri oder IIIIviri zu bezeichnen[12]. Da zumindest in Spanien kein Magistrat solchen Titels in einer nachweisbar peregrinen Stadt gefunden wurde, kann das Vorkommen von IIviri oder IIIIviri jedenfalls in Spanien und bis zum Beweis des Gegenteils also als Zeichen privilegierten Rechtes gelten[13].

Aus allem bisher Gesagten geht hervor, daß Verwaltung und Zivilisation des römischen Reiches auf den Städten beruhten: in den Städten spielte sich das politische Leben ab, und wir erfahren Einzelheiten auch fast nur aus dem städtischen Bereich.

---

[6] Zu der neuen Theorie Saumagnes, nach der es Bürgerrechtsverleihungen an ganze Gemeinden niemals gegeben habe, vgl. Verf., Epigr. Studien 9, 1971 (im Druck).

[7] Vgl. Gellius Noct. Att. 16, 13.

[8] Asconius in Pison. p. 3 Clark, vgl. dazu unten S. 16.

[9] Die Errichtung solcher „Titularkolonien" (hier im Sinn von Vittinghoff, Kolonisation 27 ff. verwendet) begann wohl schon unter Caesar, doch wurden bis in die severische Zeit zur Versorgung ausgedienter Soldaten auch immer noch Kolonien in alter Weise deduziert, vgl. Kornemann, Colonia 535 ff., 565f. Ein rechtlicher Unterschied zwischen beiden Gruppen ist uns nicht faßbar.

[10] Es wird dies aus Gellius Noct. Att. 16, 13 klar, der eine Senatsrede Hadrians über den Wunsch verschiedener Municipien, zu Kolonien erhoben zu werden, referiert, vgl. Verf., a. O.

[11] Aedilen: CIL III 12435 Nicopolis ad Istrum, XII 1711 aedilis eines pagus der Vocontii, XII 2611 aed. des vicus Genava; vgl. Ruggiero, DE I, 1886, 244 ff.; Quaestor: III 1820 eines vicus von Narona; Quinquennalis: III 12491 in Capidava, III 7086 in Pergamon, Stud. Clas. 4, 1962, 275 in Callatis.

[12] Ein rechtlicher Unterschied zwischen beiden Titeln läßt sich nicht nachweisen. Degrassi, Quattuorviri, versuchte, die IIIIviri den Municipia c(ivium) R(omanorum), die IIviri den Kolonien zuzuweisen. Diese These wird von Vittinghoff, Kolonisation 35 Anm. 4 zu Recht abgelehnt. Unentschieden Wesener RE. 24, 1963, 855f., vgl. zuletzt dazu G. Alföldy, Epigraphica, Situla 8, 1965, 104.

[13] Diese „Regel" gilt ohne Ausnahme für Spanien und den Balkanraum. In Afrika könnte nur die sehr zerstörte und in ihrer Interpretation unklare Inschrift CIL VIII 883 (+12386) dagegen sprechen. Für den keltischen Raum hat B. Galsterer-Kröll 142 ff. das Vorhandensein von IIviri in civitates, die nicht als Municipien oder Kolonien latinischen Rechts konstituiert waren, nachzuweisen versucht, doch würde es sich auch hier um Orte handeln, deren Bürger wohl latinisches Personalrecht besaßen, ohne daß ihre Gemeinde höheres Stadtrecht hatte.

Wenn wir in unseren literarischen oder epigraphischen Quellen[14] etwas von den Be-
wohnern des flachen Landes (mit Ausnahme natürlich der städtischen Territorien)
hören, scheint es, als ob deren Leben auch nach der römischen Eroberung ziemlich un-
verändert in den alten Formen weitergegangen ist: soweit ihre Herrschaft, die pünkt-
liche Ablieferung von Tributen und die Stellung von Rekruten gesichert war, hatten
die Römer im allgemeinen kein Interesse an gewaltsamen Eingriffen in das politische
und religiöse Leben ihrer Untertanen[15], und auf dem Lande überlebten meist nicht
oder kaum verändert die alten Kulte.

Eines der ersten Untertanenländer, in denen sich diese Verwaltung ausbildete,
war Spanien, das in seinen wichtigsten Teilen (Katalonien, der Mittelmeerküste und
dem Guadalquivirtal) schon zu Beginn des 2. Jahrhunderts v. Chr. unterworfen war,
wenn sich auch die endgültige Niederringung von Mittel- und vor allem von Nordwest-
spanien bis in die Regierungszeit des Augustus hinzog. Das spanische Silber, nach der
Stadt Osca (Huesca) am Fuße der Pyrenäen *argentum Oscense* genannt[16], füllte lange
Jahre hindurch die Kassen Roms und die seiner Statthalter, während in die befriedeten
Küstengebiete und nach Andalusien schon bald größere Zahlen von Italikern auswander-
ten[17]. Für viele Bauern Italiens, deren Existenz durch den 2. Punischen Krieg, die agra-
rischen Umschichtungen vor allem des 2. Jahrhunderts v. Chr. und später die Enteig-
nungen Sullas und der Triumvirn ruiniert war, muß der Aufbau einer neuen Heimat in
diesem reichen Land verlockend gewesen sein: Spanien war nach Gibbon „by a very
singular fatality ... the Peru and Mexico of the old world"[18]. Zusammen mit den im
Lande bleibenden Soldaten und italischen Händlern sorgten diese Bauern dafür, daß
Teile der spanischen Provinzen[19] zu Beginn der Kaiserzeit zu den am meisten romanisierten Gebieten des Reiches gehörten[20]. Nur ein Beweis für diese Romanisierung schon
in der Republik ist es, daß in Spanien sowohl die erste latinische Kolonie (Carteia, vgl.
unten 7ff.) wie auch mit Gades das erste Municipium römischer Bürger außerhalb
Italiens eingerichtet wurde (s. u. S. 17ff.), daß aus Spanien sowohl der erste nicht in
Italien gebürtige Senator (Q. Varius Severus, Volkstribun 90 v.[21]) wie im Jahr 40 v. der
erste „ausländische" Konsul (L. Cornelius Balbus aus Gades[22]) und schließlich mit
Trajan der erste nichtitalische Kaiser kamen. Wegen der bedeutsamen Stellung, die
Spanien in der politischen, wirtschaftlichen, literarischen und kulturellen Entwicklung
der Kaiserzeit einnahm, ist es eine interessante Aufgabe, die Entstehung von Municipien

---

[14] In der Literatur begegnet die ländliche „Unterschicht" fast nur in späten christlichen Quellen oder bei den Juristen;
um Inschriften errichten lassen zu können, bedurfte es einer gewissen Romanisierung und auch finanzieller Mittel,
die vielen nicht zur Verfügung standen.

[15] Das Vorgehen gegen die Druiden in Gallien (Sueton, Claud. 25, 5) hatte rein politische Gründe.

[16] Vgl. dazu A. Amoros, Argentum Oscense, NoticiarioArqHisp. 6, 1957, 51 ff. Doch wurde das Silber keineswegs nur
in Osca geprägt, vgl. J. Untermann, Zur Gruppierung der hispanischen „Reitermünzen" mit Legenden in iberischer
Schrift, MM. 5, 1964, 91 ff.

[17] Vgl. Wilson, Emigration 22 ff., 29 ff. Nach R. Menéndez Pidal, Colonización suritalica de España según testimonios
toponímicos e inscripcionales, in: Enciclopedia Lingüística Hispana I, 1960, p. LIX—LXVIII, muß ein großer Teil
dieser Neusiedler aus dem südlichen Italien (Campania) gekommen sein; vgl. auch A. Stazio, Le più antiche relazioni
fra la Peninsola iberica e la regione campana, Numisma 13 nr. 61, 1963, 9 ff.

[18] Zitiert bei R. Syme, Colonial Élites. Rome, Spain and the Americas, Oxford 1958, 9.

[19] In der Republik Hispania Citerior und Hispania Ulterior mit der Grenze etwa auf einer Linie von Cartagena nach Salamanca; seit Augustus dreigeteilt in die Senatsprovinz Baetica, entsprechend etwa Andalusien mit Teilen von Estrema-
dura, Murcia und Neukastilien, und in die kaiserlichen Provinzen Lusitania (Portugal bis zum Duero und der nach
Osten anschließende Teil Spaniens zwischen Duero und Guadiana) und Hispania Citerior Tarraconensis, die allein etwa
2 Drittel Spaniens umfaßte.

[20] Vgl. zuletzt A. García y Bellido. La Latinización de Hispania, ArchEspArq. 40, 1967, 3 ff.

[21] Val. Max. 3, 7, 8 *Varius Severus Sucronensis*, id. 8, 6, 4 *propter obscurum ius civitatis Hybrida cognominatus*; vgl. Asco-
nius in Scaurian. p. 22 Clark. Sucro lag nach Plinius 3,20 zwischen Valentia und Saetabis am heutigen Río Júcar.
Zu Varius vgl. Gundel, RE. 8 A, 1955, 387 ff., zu seinem „obskuren" Bürgerrecht vgl. zuletzt R. A. Bauman, The
Crimen Maiestatis in the Roman Republic and Augustan Principate, Johannesburg 1967, 65.

[22] Plin., n. h. 7, 136.

1*

und Kolonien im einzelnen zu verfolgen, da diese ja die Hauptträger dieser Romanisierung waren.

Die Quellen, auf denen unser Wissen über das römische Städtewesen beruht, sind oft widersprüchlich und schwierig zu interpretieren.

Von den römischen Schriftstellern bieten zumindest Livius und Cicero soviele Einzelheiten über die Gründung römischer oder latinischer Städte, daß man aus ihnen über die Verhältnisse im republikanischen Italien einige Klarheit gewinnt[23] und hier wenigstens auch gelegentlich hört, warum zu bestimmten Zeitpunkten bestimmte Städte privilegiertes Recht erhielten. Da jedoch die Historiker der Kaiserzeit über diesen Aspekt der römischen Herrschaft kaum Nachrichten bringen, ist man für die Zeit nach Caesar auf die Geographen und Sachschriftsteller angewiesen, um etwas über das Städtewesen zu erfahren. Von ihnen ist Strabo[24] (gestorben nach 23 n.) noch am meisten für geschichtliche Fragen aufgeschlossen: wir wissen aus ihm vor allem Einzelheiten über die Romanisierung in den Provinzen. Von den Städten erscheinen bei ihm jedoch nur die größeren Kolonien. Ptolemaeus (etwa 100—170 n.) erwähnt in den Städtelisten seiner Γεωγραφικὴ ὑφήγησις nur ganz selten die Rechtsstellung einer Gemeinde[25], ebenso wie der im frühen 1. Jahrhundert n. Chr. schreibende Pomponius Mela (aus der Umgebung von Cádiz) in seiner Chorographia[26]. Am wichtigsten ist für uns zweifellos der ältere Plinius. Er gibt in den geographischen Büchern seiner im Jahre 77 n. erschienenen *naturalis historia* eine Übersicht über fast alle privilegierten und viele peregrine Städte zur Zeit des Augustus, die er für Spanien wohl offiziellen Dokumenten dieser Zeit entnahm[27]. Spätere Privilegierungen oder Änderungen des Status sind bei ihm nur ganz selten erfaßt[28]. Plinius nennt jeweils die Gesamtzahl der in einer Provinz gelegenen Gemeinden, nach ihrem stadtrechtlichen Rang aufgeschlüsselt[29]; dann folgen, nach den Gerichtsbezirken, den Conventus der einzelnen Provinzen geordnet, die namentlich genannten Städte, die ebenfalls nach obigem Prinzip zusammengestellt sind. Soweit wir durch epigraphische oder numismatische Überlieferung Plinius kontrollieren können, werden seine Angaben für die augusteische Zeit stets bestätigt. Für die Baetica ist allerdings seine Übersicht unvollständig, da hier aus uns nicht bekannten Gründen für 2 der 4 Conventus die Aufstellung der Städte nach ihrem Stadtrecht unterblieben ist[30]. Daneben gibt es allerdings bei seiner Darstellung der einzelnen Provinzen seltsame Unstimmigkeiten, die wohl nur durch eine neue Bearbeitung der gesamten Geographie des Plinius geklärt werden können[31]: dazu zählen Fehler bzw. Unvollständigkeiten bei der Angabe von Bei-

[23] P. MacKendrick, Cicero, Livy and Roman Colonization, Athenaeum 32, 1954, 201 ff. Livius' Bericht bricht jedoch 167 v. ab und Cicero geht auf Spanien nicht ein, doch vgl. auch Salmon, Colonization 166 Anm. 11.
[24] Eine kommentierte Übersetzung der auf Spanien bezüglichen Abschnitte Strabos bietet A. García y Bellido, España y los Españoles hace dos mil años según la „Geografía" de Strabón, Madrid 1968⁴.
[25] In Spanien wird nur Clunia als Kolonie genannt (Ptol. 2, 6, 55).
[26] Es werden erwähnt die Kolonien in Palma und Pollentia (s. u. 10) und die in Hasta (3, 4).
[27] Vgl. dazu D. Detlefsen, Varro, Agrippa und Augustus als Quellenschriftsteller des Plinius für die Geographie Spaniens, Commentationes philologicae in honorem Th. Mommsen, Berlin 1877, 23 ff.; A. Klotz, Quaestiones Plinianae geographicae, Berlin 1906, 15f.; Kroll, RE. 21, 1951, 304f.
[28] Dertosa erscheint bei ihm (3, 23) noch als Municipium, obwohl es vielleicht schon unter Tiberius Kolonie wurde, vgl. unten S. 31f.; Clunia, wohl ebenfalls unter Tiberius zum Municipium und unter Galba zur Kolonie erhoben, wird bei Plinius 3, 27 noch als *oppidum* genannt, s. u. S. 35; er hat jedoch die Gründung der flavischen Kolonie Flaviobriga zur Kenntnis genommen (4, 110), doch vgl. unten S. 48.
[29] Z. B. 3, 18 für die Tarraconensis: *civitates provincia ipsa praeter contributas aliis CCXCIII continet, oppida CLXXVIIII, in iis colonias XII, oppida civium Romanorum XIII, Latinorum veterum XVIII, foederatorum unum, stipendiaria CXXXV.*
[30] Für die Conventus von Hispalis (3, 11) und Corduba (3, 10 und 3, 14f.). Es sieht so aus, als ob sich Plinius in seinen Exzerpten hier nicht mehr recht ausgekannt habe oder als ob er hier die Einzelheiten gar nicht mehr exzerpiert habe.
[31] Zuletzt hat D. Detlefsen in grundlegenden Aufsätzen systematisch das epigraphische und numismatische Material herangezogen: Die Geographie der Provinz Baetica bei Plinius, Philologus 30, 1871, 265 ff.; Die Geographie der tarraconensischen Provinz bei Plinius (III 18—30, 76—79, IV 110—112), ibid. 32, 1873, 600 ff.; Die Geographie der Provinz Lusita-

namen bei den Städten der Tarraconensis[32]; in der Baetica fehlen bei ihm hingegen fast völlig die Namen der Städte latinischen Rechts, obwohl es deren nach seiner eigenen Angabe 27 gegeben haben soll[33]. Im allgemeinen kann man aber Plinius' Anführungen Vertrauen schenken, soweit es sich um römische und latinische Municipien und Kolonien handelt. Der umgekehrte Schluß, Städte, die bei Plinius nicht als Municipien oder Kolonien erscheinen, könnten nicht privilegiert gewesen sein, ist freilich nicht möglich[34].

Von ähnlicher Bedeutung wie Plinius sind für uns die Inschriften. Aus ihnen vor allem stammen unsere Kenntnisse über den Verlauf, den die Municipalisierung in Spanien nach Augustus nahm[35], die Zeit also, die schon Plinius nicht mehr berücksichtigte. Sie geben oft Auskunft über den Titel einer Stadt, aus dem sich über die Beinamen vielfach ein Anhalt für die Datierung der Gründung ergibt, und über ihre Beamten. Nur die wenigsten Inschriften sind jedoch absolut oder relativ — d. h. durch Bezugnahme auf ein bekanntes Ereignis — datiert. Wie schwierig und unsicher aber eine Datierung auf Grund stilistischer Merkmale (Schrifttypus, Abbreviaturen u. ä.) ist, wie sie Hübner oftmals im CIL II verwandte, zeigt die neueste Sammlung datierter lateinischer Inschriften von Gordon[36]. Selbst datierte Inschriften, in denen eine Stadt als Municipium oder Kolonie erscheint, geben aber immer nur einen Terminus ante quem der Stadtgründung; es fehlen in Spanien völlig die „Gründungsinschriften" römischer Kolonien, wie wir sie sonst gelegentlich finden[37]. Es fehlen aber durchweg auch Inschriften, durch die die historische Einordnung von Städteprivilegierungen möglich wäre, wie wir etwa durch Weihungen der mauretanischen Stadt Volubilis erfahren, daß sie den Rang eines römischen Bürgermunicipiums wegen besonderer Verdienste im Krieg gegen den Aufrührer Aedemon erhielt[38].

Zu dem Spanien betreffenden Band II des CIL ist noch zu bemerken, daß alle dort von Hübner gegebenen Datierungen neu zu überprüfen waren, da sich die von ihm zugrunde gelegten Daten, wie sie z. B. auch Cagnat bietet, zum Teil nicht unwesentlich verschoben haben[39]. Es zeigte sich auch, daß ein großer Teil der von ihm für falsch erklärten Inschriften nach heutigen Maßstäben keinen Anlaß für dieses Urteil geben. Für unsere Fragestellung war freilich nur eine einzige Inschrift zu verwerten, durch

nien bei Plinius, ibid. 36, 1877, 111 ff. und in seiner Ausgabe der geographischen Bücher 1904. Zu den Städtelisten der afrikanischen Provinzen zuletzt Vittinghoff, Corolla und Gnomon 40, 1968, 586 ff. (Rezension zu Teutsch, Städtewesen.)

[32] Plin. 3, 22 *Barcino . . . Faventia;* CIL II 6149 u. ö. *F(aventia) I(ulia) (Augusta) P(aterna) Barcino;* Plin. 3, 24 *Celsenses ex colonia*: Vives IV 102 nr. 1—7 *C(olonia) V(ictrix) I(ulia) L(epida)* bzw. 9 ff. *V(ictrix) I(ulia) Celsa;* ähnlich bei Dertosa, Osca, Tarraco u. a., vgl. zu den Städtebeinamen und besonders zu den bei Plinius genannten jetzt B. Galsterer-Kröll S. 29 ff.

[33] Plin. 3, 7 *oppida omnia numero CLXXV, in iis . . . Latio antiquitus donata XXVII.* Genannt werden nur 3, 15 Carisa Aurelia, Laepia Regia und *Urgia Castrum Iulium item Caesaris Salutariensis.* Von allen 3 Städten gibt es in unserer sonstigen Überlieferung kaum eine Spur; auch wäre es völlig singulär, daß eine Stadt — wie Plinius für Urgia angibt — 2 vollständige Beinamen getragen hätte, vgl. B. Galsterer-Kröll, S. 46 f.

[34] So muß z. B. Carmo in der Baetica (Carmona östl. Sevillas), das bei Plinius überhaupt nicht erscheint, nach CIL II 5120 IIIIVIRO M(unicipum) M(unicipi) PRAEFECTO C CAESARIS bereits vor 4 n. Chr. Municipium gewesen sein; Iliberri Florentinum (Granada) und Illiturgi Forum Iulium (vgl. dazu unten S. 13) müßten nach ihren Beinamen ebenfalls privilegiert gewesen sein, obwohl sie bei Plinius 3, 10 nur als oppida erscheinen (bei Iliberri auch inschriftlich bezeugt, vgl. unten S. 66 Nr. 29).

[35] Aus früherer Zeit sind in Spanien kaum Inschriften bekannt; vgl. die Liste der Steine aus der Zeit vor Christi Geburt bei A. García y Bellido, Esculturas hispanoromanas de época republicana, Mélanges J. Carcopino, 1966, 420 Anm. 1. Die meisten unter ihnen caesarisch oder frühaugusteisch.

[36] A. E. Gordon, Album of Dated Latin Inscriptions (Rome and the Neighborhood) I—III, Berkeley 1958 ff. (ein besonders schönes Beispiel für völlig verschiedene Schrifttypen in zwei gleichzeitigen Inschriften desselben Steins: I nr. 33 a+b, Tafel 20).

[37] Gründungsinschriften für die Kolonien Thamugadi unter Trajan 100 n. (VIII 17842/43) und Vaga unter Septimius Severus 209 n. (VIII 14395), beide in Afrika, sowie möglicherweise Sarmizegethusa in Dakien unter Trajan (III 1443). Zu der „Gründer"-Inschrift von Illiturgi (HAE 2079) vgl. unten S. 13.

[38] ILMar 56 u. 116.

[39] So ist beispielsweise der Brief Vespasians an die Stadt Sabora (vgl. unten S. 41 f.) nicht in das Jahr 78 n., sondern schon 77 n. zu datieren.

die für das 2. Jahrhundert n. Chr. eine neue Kolonie der Baetica, Illiturgi Forum Iulium, festgestellt wurde[40]. Andererseits konnten auch einige von Hübner als echt akzeptierte Inschriften ausgeschieden werden[41].

Für das gerade für Spanien sehr reichhaltige numismatische Material der frühen Kaiserzeit mußte das Sammelwerk von Vives y Escudero zugrunde gelegt werden, obwohl dessen Arbeitsweise mit Recht kritisiert worden ist[42]. Ich habe versucht, die später erschienene numismatische Literatur möglichst vollständig zu erfassen[43], doch bin ich bei der Auswertung von Münzen natürlich auf das Urteil von Numismatikern angewiesen.

Seit der Republik hatte eine Reihe peregriner und privilegierter Städte in Spanien das Recht, Münzen zu schlagen. Ihre Zahl ging bereits unter Augustus zurück und unter Gaius hörten die letzten Prägungen in Spanien auf[44]. Die Legenden dieser Münzen sind sehr verschiedenartig: manchmal erscheint der volle Titel der Stadt oder nur derjenige der Beamten. Dies sind meistens die Obermagistrate, also IIviri oder IIIIviri, öfters auch die Quinquennales, die alle 5 Jahre zur Abhaltung des Census gewählt wurden. Gelegentlich ist auch die Prägung auf die Magistrate aufgeteilt, wobei die Oberbeamten die As-Prägung übernahmen, die Aedilen die Prägung der Scheidemünzen wie Semis und Triens. Der Ausstoß der einzelnen Münzen muß sehr verschieden gewesen sein: von manchen Städten sind uns viele Emissionen erhalten (z. B. Carteia und Carthago Nova), von anderen kennen wir nur eine einzige Emission. Grant, der als letzter diese städtischen Prägungen untersuchte[45], neigt in solchen Fällen dazu, diese Stücke als „Erinnerungs-" oder „Jubiläumsmünzen" zu interpretieren, Münzen also, die entweder bei der Errichtung einer Kolonie oder eines Municipiums oder zu ihrem 25-, 50- oder 100jährigen Bestehen geprägt wurden. Da diese These von Grant niemals bewiesen wird[46], können seine Schlüsse nur mit großer Vorsicht verwandt werden.

Auf diesen 3 Quellengattungen, also literarischen, epigraphischen und numismatischen Nennungen, zu denen gelegentlich noch verstreute Notizen, etwa bei den Agrimensoren und Juristen, treten, beruhen hauptsächlich unsere Kenntnisse über die Entwicklung des römischen Städtewesens in Spanien. Dementsprechend bilden sie auch die Grundlage der folgenden Untersuchungen. In ihnen wird in den ersten Kapiteln versucht, Rechtsstellung, Datierung und Lokalisierung römischer oder latinischer Municipien und Kolonien in der Republik, unter Caesar und Augustus und in der Zeit von Tiberius bis Galba zu klären, wobei in dem Abschnitt über die caesarisch-augusteischen Gründungen keine Vollständigkeit angestrebt wurde[47]. Anschließend werden die Fragen untersucht, die sich im Zusammenhang mit der Verleihung des latinischen Rechts an Spanien unter Vespasian ergeben. Ein letztes Kapitel behandelt Ämter und Priesterschaften, um insbesondere die Frage, ob seit Caesar ein einheitliches Städtegesetz die innere Organisation der privilegierten Gemeinden regelte, zu überprüfen.

[40] CIL II 190*, vgl. unten S. 13; zu II 18* vgl. 56 Anm. 58.
[41] Zu den *Municipia Flavia* der mit größter Wahrscheinlichkeit gefälschten Inschrift II 760 vgl. unten 62 ff.; zu II 3350 s. u. 59 Anm. 92.
[42] So von Hill, Coinage 1 ff.
[43] Von großer Hilfe hierbei war die Literaturübersicht bei G. K. Jenkins, Spain, Jb. f. Numismatik u. Geldgesch., 11, 1961, 79 ff.
[44] Die Gründe dieses Aufhörens sind noch unklar. M. Grant, The Decline and Fall of City-Coinage in Spain, Numismatic Chronicle VI 9, 1949, 105 ff. vermutet, daß der vermehrte Ausstoß der großen Reichsmünzen in Rom und Lyon die Ursache gewesen sein könnte.
[45] M. Grant, From Imperium to Auctoritas, Cambridge 1946.
[46] A. O. 147f. wird die These aufgestellt, aber nicht bewiesen. Es wäre vor allem interessant zu erfahren, ob es irgendwo nachweisbare Fälle solcher städtischen Gedenkmünzen gibt. Auch sein Buch über Roman Anniversary Issues, Cambridge 1950, gibt hierüber kaum Aufschluß. Zur grundsätzlichen Kritik vgl. F. Vittinghoff, Gnomon 22, 1950, 260 ff.
[47] Vgl. dazu unten 17 mit Anm. 1. In dem Anhang B, unten 65 ff., wird eine Liste aller in den iberischen Provinzen nachweisbaren Municipien und Kolonien vorgelegt.

II DIE REPUBLIKANISCHEN STÄDTEGRÜNDUNGEN

Spanien war in seinen dem Mittelmeer zugewandten Teilen wesentlich früher romanisiert als alle anderen Außenländer des römischen Reiches. Der ältere Scipio gründete 206 v. für die Verwundeten und zu weiterem Kriegsdienst Unfähigen seines Heeres die Stadt Italica, deren Name wohl programmatisch ausdrücken soll, daß sie für die hier angesiedelten Soldaten eine neue Heimat, ein neues Italien sein sollte. War Italica noch als Stadt peregrinen Rechts (vgl. u. S. 12), wenn auch in römischen Siedlungsformen, angelegt worden, so folgte mit Carteia 171 v. die erste „überseeische" latinische Kolonie. In Italien war 177 v. die seit 194 v. forcierte Aussendung latinischer und römischer Kolonien zum Stillstand gekommen, da wahrscheinlich Rom und die latinischen Staaten zu einer weiteren Abgabe von Bürgern nicht mehr fähig waren[1]. Damit ergibt sich die Frage der Entstehung von Carteia und der anderen latinischen Kolonien, die wir für das 2. Jh. v. Chr. in Spanien glauben feststellen zu können. Hieraus folgt die weitere Frage, ob von der Verleihung des Bürgerrechts im Jahre 90/89 v. an alle Latiner und Bundesgenossen Italiens auch die latinischen Gemeinden Spaniens betroffen waren. Schließlich ist zu untersuchen, wie in Spanien die Neuordnung unterworfener Gebiete vor sich ging und ob wir hier Parallelen zu den Städtegründungen etwa des Pompeius im Osten feststellen können[2].

Es sollen deshalb zunächst alle Nachrichten über das römische Städtewesen in Spanien vor Caesar untersucht und möglichst die stadtrechtliche Stellung, das Gründungsdatum und die innere Verwaltungsorganisation dieser Städte geklärt werden. Weiterhin sind die Gründungsdaten festzustellen, ob etwa in bestimmten Zeiten sich die Gründungen häufen, ob man also municipalisierungsfreundliche und -feindliche Epochen der römischen Verwaltung in Spanien unterscheiden kann. Schließlich ist auch bei der inneren Verwaltung dieser Gemeinden, soweit wir überhaupt Einzelheiten kennen, darauf zu achten, ob sich Übereinstimmungen bzw. Abweichungen gegenüber dem zeigen, was in Italien damals an städtischen Einrichtungen verbreitet war, ob man also die gewohnten Institutionen in das Neuland übertrug oder ob sich dort neue Verwaltungsformen ausbildeten.

Zuerst sollen die Städte besprochen werden, die bereits in der Republik privilegierten Status hatten, dann die peregrinen Neugründungen der Römer und zuletzt einige Städte, deren privilegiertes Recht ohne ausreichende Gründe in der Wissenschaft vertreten wurde.

Carteia (El Rocadillo bei Algeciras) war, soweit wir wissen, die erste latinische Kolonie in Spanien und, abgesehen von der Gallia Cisalpina, die erste Gemeinde mit römischem oder latinischem Stadtstatut außerhalb Italiens. Es wurde, wie Livius berichtet, im Jahre 171 v. Chr. für die über 4000 Söhne aus den Verbindungen römischer Soldaten mit einheimischen Frauen gegründet[3].

---

[1] Vittinghoff, Kolonisation 54f. und vor allem E. T. Salmon, Roman Colonization from the 2nd Punic War to the Gracchi, JRS. 26, 1936, 47ff. Von 194 v. bis 177 v. wurden 16 Bürgerkolonien und 4 latinische Kolonien deduziert (Salmon a. O. 47). Andere Gründe für das Aufhören der Kolonisation bei E. Meyer, Röm. Staat und Staatsgedanke, Zürich-Stuttgart 1964³, 286f.

[2] Er soll dort nach Plutarch, Pomp. 45, 2 39 Städte gegründet haben, vgl. M. Gelzer, Pompeius, München 1959², 97ff.

[3] Liv. 43, 3, 1—4 *et alia novi generis hominum ex Hispania legatio venit. ex militibus Romanis et ex Hispanis mulieribus,*

Livius' Nachricht bietet in ihrem Inhalt kaum Schwierigkeiten[4]: da die Soldaten natürlich kein conubium mit den peregrinen Spanierinnen hatten, folgten die Kinder im Bürgerrecht dem Recht der ärgeren Hand, d. h. sie wurden Peregrine; es ist in keiner Weise einzusehen, warum die Mütter alle Sklavinnen gewesen sein sollen, wie Saumagne meint[5]. Doch hatten diese Kinder das natürliche Streben, dem besseren Recht ihrer Väter zu folgen und wandten sich deshalb an den Senat[6]. Dieser konnte sich sichtlich nicht dazu verstehen, ihnen das volle Bürgerrecht ihrer Väter zu geben, entschädigte sie jedoch mit dem latinischen Recht, was übrigens ein interessanter früher Beleg dafür ist, daß das latinische Recht immer mehr zu einer Art „minderen Bürgerrechts" wurde[7]. Warum auch die möglichen Freigelassenen dieser Leute als Bürger der neuen Kolonie eingeschrieben werden sollten, bleibt ungewiß[8].

Daß die bisherigen Einwohner eines zur Koloniededuktion vorgesehenen Ortes sich unter die *coloni* einschreiben lassen konnten, kam auch in Italien gelegentlich vor[9]. Unklar bleibt nur die Bedeutung der letzten Worte der livianischen Passage *libertinorumque appellari*. Die früheren Freigelassenen der Soldatensöhne, jetzigen Mitbürger von Carteia, können wohl nicht von solcher Wichtigkeit gewesen sein, daß man nach ihnen die Kolonie benannt hätte, und die Kinder der Soldaten waren eben keine *libertini*. Andererseits kommen Beinamen für Kolonien — ganz zu schweigen von Municipien, bei denen das zuerst unter Caesar begegnet — häufiger zuerst unter den Gracchen und dann unter Marius auf[10]. Weiterhin erinnert der Beiname „Libertinorum" sehr an den für Caesars Kolonie Urso: „Urbanorum"[11]. Es wäre also zu überlegen, ob nicht vielleicht

cum quibus conubium non esset, natos se memorantes, supra quattuor milia hominum orabant, ut sibi oppidum, in quo habitarent, daretur. senatus decrevit, ut nomina sua apud L. Canuleium profiterentur eorumque si quos manumisissent; eos Carteiam ad Oceanum deduci placere; qui Carteiensium domi manere vellent, potestatem fieri, uti numero colonorum essent, agro adsignato; Latinam eam coloniam esse libertinorumque appellari. Zur Quellenlage in diesem Stück vgl. A. Klotz, Livius und seine Vorgänger, Neue Wege zur Antike II 9, 1940, 69, und M. Zimmerer, Der Annalist Q. Claudius Quadrigarius, Diss. München 1937, 63f.

[4] Gegen Saumagne, Droit latin 60ff. und RD 1962.

[5] Droit latin 63, vgl. Wilson, Emigration 24f.

[6] Bei Livius steht davon nichts, doch ist es kaum wahrscheinlich, daß der Senat ihnen ohne eine entsprechende Bitte, sozusagen als freiwilliges Geschenk zu dem *oppidum, in quo habitarent*, auch noch das latinische Bürgerrecht gegeben hätte, obwohl eine Ansiedlung in Form einer peregrinen Gemeinde durchaus möglich gewesen wäre.

[7] Vgl. dazu Sherwin-White 96. Vorstellbar wäre auch, daß dem römischen Senat die Entfernung nach Carteia als zu groß erschien, als daß man eine Bürgerkolonie, die ja ein Teil des römischen Staatsverbandes war, so isoliert hätte errichten können, und daß man deshalb eine Gemeinde latinischen Rechts konstituierte, die ja zumindest staatsrechtlich „souverän" war (dazu Liv. 39, 55 zu Aquileia und Salmon 106ff. mit Anm. 189, 191).

[8] Saumagnes These, dieses *novum genus hominum* seien quasi Sklaven des römischen Volkes gewesen und von Canuleius, dem Statthalter beider Spanien (Broughton, Magistrates I 416), freigelassen worden, fällt mit seiner Annahme, die beteiligten Frauen seien alle Sklavinnen gewesen und mit seiner Lesung *manumisisset* bei Livius 43, 3, 3, die durch Gitlbauers Lesung *manumisissent* im Codex Vindobonensis (bereits früher von Madvig conjiziert) seit langem überholt ist und auch, soweit ich sehe, in keine neuere Ausgabe mehr aufgenommen wird. Damit erledigen sich auch Saumagnes Ausführungen, die augusteischen leges Iunia Norbana und Aelia Sentia seien hier um 150 Jahre vorweggenommen worden, wozu es in der Überlieferung nicht den geringsten Anhalt gibt, vgl. A. Watson, The Law of Persons in the Later Roman Republic (Oxford 1967) 185ff., bes. 196f.

[9] Vgl. dazu Vittinghoff, Stadtrechtsformen 442 Anm. 25. Freiwillige Bereitstellung von Boden zur Gründung einer latinischen Kolonie von Seiten einer peregrinen Stadt: Livius 40, 43, 1 über Pisae (vgl. dazu Bormann in CIL XI p. 273 und Salmon 169 Anm. 29, 187 Anm. 193; ders., The Last Latin Colony, Class. Quart. 27, 1933, 30ff.). Saumagne RD 149 entnimmt der Tatsache, daß der Senat hier über Carteia verfügen konnte, daß die Stadt sich vorher irgendwann dediert haben mußte. Die Einwohner wären also *dediticii* gewesen und durch die Einschreibung in die Kolonistenliste zu libertini dediticii geworden. Saumagne übersieht dabei m. E., daß ein solcher Eingriff keineswegs von einem noch immer wirksamen *dediticii*-Status abhängig war (vgl. die oben genannte Stelle über Pisae) und auch, daß für Spanier des Jahres 167 v. Chr. der Übertritt in das latinische Recht — der ihnen ja freigestellt war — einen solchen Anreiz bilden mußte, daß dieser auch materielle Opfer wert war. — Wohl nur ein Versehen ist es, wenn García y Bellido, Colonias 450f. schreibt, die eingeborenen Carteienser hätten das römische Bürgerrecht ebenso wie die coloni bekommen.

[10] Vgl. B. Galsterer-Kröll, S. 38f.; der einzige mir bekannte vorgracchische Beiname ist der des 237 v. Chr. gegründeten Vibo Valentia (Vell. Pat. 1, 14, 8, doch vgl. Radke, RE. 8A, 1958, 2002); vgl. auch die Umbenennung von Maluentum in Beneventum (Plin. 3, 105; Liv. 9, 27, 14; Festus 458 L u. a.), wo es sich also um einen sprechenden Ortsnamen handelt.

[11] Dieser Beiname ist erst durch Plin. 3, 12 belegt. Im Stadtrecht von 44. v. wird die Kolonie nur *colonia Genetiva Iulia* genannt, FIRA I² 179ff. §§ 65, 66 u. ö. Nach Galsterer-Kröll 49ff. handelt es sich hier um eine Erläuterung des Plinius,

Livius eine Angabe seiner Quelle über diese *libertini* mißverstanden und dafür einen seiner Zeit völlig geläufigen Beinamen gesetzt hat. — Über die weitere Geschichte Carteias haben wir keinerlei Nachricht; wir wissen nicht, ob und gegebenenfalls wann die latinische Kolonie voll in das römische Bürgerrecht aufgenommen wurde. Es wäre möglich, daß 90/89 v. oder 49 v. Chr. auch für die außeritalischen latinischen Gemeinden wie Carteia und Ilerda (s. u. S. 11) analoge Bestimmungen zur lex Iulia de civitate danda[12] erlassen wurden. Carteia wäre in diesem Fall Municipium civium Romanorum geworden: dagegen spricht jedoch die eine Münze, auf der ein IIIIvir EX S(enatus) C(onsulto) G(= colonorum) C(oloniae) genannt ist[13]. Wahrscheinlich behielt die Stadt also ihren alten Status als latinische Kolonie bei. Dafür spricht auch, daß zu Beginn der Kaiserzeit[14] die Gemeinde noch die Censoren ihrer alten Verfassung beibehalten hatte[15].

Corduba (Córdoba) wurde nach dem eindeutigen Zeugnis des Strabo von M. Claudius Marcellus als erste Kolonie der Römer „in dieser Gegend" gegründet[16]. Als Gründungsdatum wird meist 152 v. angenommen[17], als Marcellus in Corduba überwinterte[18], doch ist auch seine erste Statthalterschaft in Spanien 169 v. nicht auszuschließen[19]. Jedenfalls war Corduba im Jahre 48 v. bereits Kolonie[20]. Es kann jedoch kaum vom Beginn an römische Bürgerkolonie gewesen sein, denn als erste Stadt diesen Rechts außerhalb Italiens wird uns glaubwürdig das afrikanische Karthago genannt, das von C. Gracchus gegründet wurde[21]. Außerdem werden in Corduba noch 48 und 47 v.

---

nicht um einen offiziellen Beinamen, da Prägungen dieser Art in caesarischer Zeit niemals vorkommen, dagegen typisch für augusteische Kolonien sind. Ähnlich sind die Namen der augusteischen Kolonien, die nach Legionen genannt wurden, gebildet: *Forum Iulii Octavanorum, Arausio Secundanorum* u. ä. Im Gegensatz zu Radkes Ausführungen (RE. 9 A, 1961, 981 f.) braucht der Name der sullanischen Kolonie Urbana im ager Falernus nicht unbedingt von *urbs* abgeleitet zu sein; es kann sich durchaus auch um einen Eigennamen handeln.

[12] Vgl. G. Barbieri, DE. 4, 1957, 719 f.

[13] Vives IV 21 nr. 29, vgl. u. S. 51. Das GC dürfte wohl Verlesung oder Verschreibung für CC: *colonorum coloniae* oder *coloniae Carteiae* sein.

[14] Mit Ausnahme von Vives a. O. nr. 42, wo Germanicus und Drusus als IIIIviri genannt werden, ist die gesamte Münzprägung Carteias undatierbar. Aus stilistischen Gründen wird die ganze Serie der letzten Epoche der spanischen städtischen Münzprägung zugewiesen, die von Augustus bis Gaius reicht.

[15] CES auf der Münze Vives a. O. nr. 15; so auch Grant, FITA 156. A. Degrassi, Quattuorviri 303 schließt aus dem Auftreten von IIIIviri, daß Carteia damals bereits *municipium c. R.* gewesen sei. Doch zeigen die latinischen Kolonien der Narbonensis, die fast alle IIIIviri als Oberbeamte hatten (vgl. Vittinghoff, Kolonisation 65, Anm. 1), daß die von Degrassi aufgestellte Regel, IIIIviri bedeuteten grundsätzlich *municipia c. R.*, nicht zu halten ist. Neben Censoren scheinen in Carteia auch Quaestoren (nr. 9) und Aedilen (nr. 19 u. 23) gemünzt zu haben. Wie die IIviri, von denen D. E. Woods, F. Collantes de Terán u. C. Fernández Chicarro, Carteia, ExcArqEsp. 58, Madrid 1967, 7 sprechen, in dieses Bild einzuordnen sind, ist unklar.

[16] Strabo 3, 2, 1: Μαρκέλλου κτίσμα ... ᾤκησάν τε ἐξ ἀρχῆς 'Ρωμαίων τε καὶ τῶν ἐπιχωρίων ἄνδρες ἐπίλεκτοι· καὶ δὴ καὶ πρώτην ἀποικίαν ταύτην εἰς τούσδε τοὺς τόπους ἔστειλαν 'Ρωμαῖοι.

[17] U. a. Vittinghoff, Kolonisation 72 f.; García y Bellido, Colonias 451 ff.; P. Bosch Gimpera, P. Aguado Bleye, HE 108; Syme, Colonial Elites 11; Wilson, Emigration 24; Gabba 220 Anm.

[18] Polybios 35, 2, 2.

[19] Für das frühere Datum spricht, daß Marcellus 169 v. als Statthalter ganz Spanien verwaltete, während er 152 v. nur für die Citerior zuständig war. Doch hatte Marcellus 152 v. als Consul natürlich eine weitaus größere Autorität als der Praetor der Ulterior, M. Atilius (Serranus?), und hätte deshalb die Gründung vornehmen können. Gegen das frühere Datum kann angeführt werden, daß Livius nichts von der Gründung sagt. Doch er spricht auch nicht von der Gründung der latinischen Kolonien Saticula und Sutrium in Italien. In seinem Bericht über Carteia ist nicht die Rede davon, daß dieses die erste Kolonie in Spanien gewesen sei. Die Einzigartigkeit liegt dort in dem *novum genus hominum* begründet, für die Carteia eingerichtet wurde (vgl. oben S. 8). Das Gründungsdatum muß also ungewiß bleiben (so auch Hübner RE. 4, 1900, 1221).

[20] Vittinghoff, a. O. 73 Anm. 1. Die bei Caesar, b. c. 2, 19, 3 genannten 2 *cohortes colonicae* sind zwar zu dem bei Caesar genannten Zeitpunkt nur zufällig in der Stadt, hätten sich aber kaum so selbstverständlich zur Verteidigung anstellen lassen, wenn sie nicht aus Corduba gewesen wären. Es wird sich um eine städtische Miliz (vgl., allerdings in einer römischen Kolonie, lex Urson. FIRA I² 190 § 103) handeln, die Varro bei seinen Aushebungen (Caes. b. c. 2, 18, 1) aufgeboten hatte. Thouvenot 141 meint, die Kohorten seien aus Einzelsiedlern *(coloni)* der Baetica rekrutiert worden, doch gibt es für solche *coloni* dort keinerlei Beleg.

[21] Vell. Pat. 1, 15, 4 und 2, 7, 8, vgl. Salmon 119 und 193 Anm. 257 und Vittinghoff a. O. Da Carteia als latinische Kolonie jedenfalls früher gegründet wurde, muß Velleius hier Bürgerkolonien meinen. Das „εἰς τούσδε τοὺς τόπους" bei Strabo a. O. wird sich wohl nur auf das Guadalquivirtal beziehen.

conventus genannt, die kaum etwas anderes sein können als Konvente römischer Bürger, was in einer Bürgerkolonie natürlich widersinnig wäre[22]. Der Beiname Patricia, den die Stadt zuerst auf Münzen nach 27 v. führt[23], kann nicht von Marcellus stammen, da dessen Familie den plebeischen Claudiern angehörte, abgesehen davon, daß so frühe Kolonien meist überhaupt keinen Beinamen führten[24]. Wahrscheinlich wurden auch in augusteischer Zeit Veteranen der Legionen V und X hierher deduziert[25]. Diese Belege scheinen sich am besten vereinen zu lassen, wenn man annimmt, daß Marcellus in Corduba eine latinische Kolonie errichtete, die von Augustus unter gleichzeitiger Deduktion von Veteranen zur Bürgerkolonie erhoben wurde. Bei dieser Gelegenheit hätte die Stadt dann auch den Beinamen „Patricia" bekommen. Doch sind uns sonst Konvente römischer Bürger in latinischen Städten nicht bekannt. Da man von einer kolonisatorischen Tätigkeit der Söhne des Pompeius gar nichts weiß, sollte man aber die Koloniegründung nicht allzu unbedenklich mit ihnen in Verbindung bringen[26].

Palma und Pollentia wurden nach Strabo im Jahre 123/22 v. Chr. von Q. Caecilius Metellus Balearicus mit 3000 römischen Kolonisten aus Spanien gegründet[27]. Da beide Städte später von Plinius als Bürgerstädte genannt werden[28], an eine Deduktion von römischen Bürgerkolonien in der Provinz damals aber nicht zu denken ist (vgl. oben S. 9), wird man in ihnen latinische Kolonien sehen[29]. Das ἐποίκους des Strabo und die Tatsache, daß Mela[30] beide noch *coloniae* nennt, stützen diese Annahme. Auch daß Palma und Pollentia, wie viele Zeugnisse beweisen, der in Spanien sonst nirgends vorkommenden Tribus Velina eingereiht waren, ist ein Zeichen für ihre Sonderstellung[31]. Für einen Deduktionstermin gegen Ende des 2. Jahrhunderts v. Chr. sprechen auch die neuesten Grabungsbefunde aus Pollentia, die über indigenen Siedlungsspuren eine Schicht großer Steinbauten aus dem Ende des 2. und dem Anfang des 1. Jahrhunderts v. Chr. festgestellt haben[32].

---

[22] Caesar a. O. und b. Alex. 57, 5. Es kann sich hier nach b. civ. 2, 21, 1 und den Parallelstellen bei H. Merguet, Lexikon zu den Schriften Caesars, Jena 1886, 228 f. kaum um einen juristischen Konvent handeln, doch vgl. Cic. Sest. 9, wo die Gesamtheit der Bürger Capuas, das damals allerdings noch nicht Kolonie war, als *conventus* erscheint. Wilson, Emigration 16 f. meint, ohne auf die oben genannten *cohortes colonicae* näher einzugehen, die Stadt sei auch 48/47 v. nur ein *conventus c. R.* gewesen. — Die Möglichkeit eines *conventus civium Romanorum* in einer latinischen Kolonie wird von Mommsen, Hermes 16, 1881, 477 für die Kolonie Aventicum bejaht.

[23] Vives IV 117 ff., datiert durch die Benennung ‚Caesar Augustus'. Keine Beweiskraft hat hingegen die — wohl caesarische — Münze Vives III 115, nr. 1—4, auf der Corduba ohne Kolonietitel erscheint. Hübner a. O. und Grant, FITA 4 schließen daraus, daß Corduba damals noch nicht Kolonie gewesen sein kann, doch münzen z. B. Carteia immer, Emporiae und Carthago Nova meistens ohne Nennung des städtischen Titels. Das Fehlen des Beinamens Iulia oder Augusta ist kein Beleg für frühere Gründung, wie Obulco Pontificense (2126 u. ö.) und Ugia Martia (AE 1952, 49) beweisen.

[24] Vgl. B. Galsterer — Kröll 37, und o. S. 8f.

[25] Cohen I² 105, nr.-04/5.

[26] So García y Bellido, Colonias 451 ff.; Kornemann, Colonia 527 nr. 82; Marchetti 877; zuletzt E. Lasserre in der Budé-Ausgabe Strabons II, Paris 1966, ad locum.

[27] Strabo 3, 5, 1 Βαλιαρικός ... ὅστις καὶ τὰς πόλεις ἔκτισε ... εἰσήγαγε δὲ ἐποίκους τρισχιλίους τῶν ἐκ τῆς Ἰβηρίας Ῥωμαίων. Zu den Motiven der Gründung vgl. F. T. Hinrichs, Der römische Straßenbau zur Zeit der Gracchen, Historia 16, 1967, 174 und A. Balil, Notas sobre las Baleares Romanas, Crónica IX Congr. Nacional de Arq., Valladolid 1965 (Zaragoza 1966), 310—19.

[28] Plin. 3, 77.

[29] Balil a. O. 318 f. möchte in ihnen eher Bürgerkolonien sehen (so auch Salmon 190 Anm. 214), während Wilson, Emigration 22 meint, daß sie als „unchartered towns" gegründet worden seien; unentschieden T. Frank, An Economic Survey of Ancient Rome I (Baltimore 1933), 220.

[30] 2, 124. Wohl aus einer republikanischen Quelle, wie er auch die Bezeichnung Sagunts 2, 92 als *fide atque aerumnis incluta* aus Sallust hist. frg. 64 Maurenbrecher übernahm.

[31] In Palma: CIL II 3669, 4197, 4205; HAE 1457. In Pollentia: II 3696—98; C. Veny, Corpus de las inscripciones Baleáricas, Madrid 1965, nr. 35. Nach W. Kubitschek, Imperium Romanum tributim discriptum, Wien 1889, 272 sind Palma und Pollentia die einzigen außeritalischen Städte, die in der Tribus Velina eingeschrieben waren. Prof. Giovanni Forni, Genua, der eine neue Gesamtuntersuchung der Verteilung der Tribus im römischen Reich vorbereitet, teilte mir freundlicherweise mit, seines Wissens komme die Tribus Velina mit Ausnahme der beiden spanischen Städte als „Ortstribus" außerhalb Italiens im Reich sonst nicht vor.

[32] M. Tarradell, D. E. Woods y A. Arribas, Las excavaciones de la ciudad Romana de Pollentia (Alcudia, Mallorca), Crónica VII Congr. Nacional de Arq., Barcelona 1961 (Zaragoza 1962) 469 ff.

Ilerda (Lérida) ist in augusteischer Zeit als Municipium römischer Bürger bezeugt[33]. Über seine Geschichte wissen wir fast nichts, nur im Jahre 89 v. Chr. begegnet es uns. In dem bekannten Dekret des Cn. Pompeius Strabo, worin er einer spanischen Reiterabteilung das römische Bürgerrecht und militärische Auszeichnungen verlieh[34], werden unter den Angehörigen dieser Truppe auch 3 Soldaten aus Ilerda genannt, die als einzige unter allen Spaniern römische Namen, wenn auch mit peregrinen Patronymica, tragen[35]. Stevenson erklärte diese seltsame Tatsache damit, daß die Ilerdenser die Namen von Offizieren aus dem Stab des Strabo übernommen hätten[36]. Es wäre jedoch höchst verwunderlich, wenn das in diesem Fall nur die 3 Reiter aus Ilerda getan hätten, denn als Neurömern standen ja allen die *tria nomina* zu. Außerdem sind zwei der drei Namen überhaupt nicht im Consilium vertreten[37]. Die Namen kommen auch sonst in Spanien vor[38]. Man muß also annehmen, daß die drei *Ilerdenses* bereits vor der Verleihung durch Strabo römisches oder latinisches Recht hatten, was ihnen das Führen der *tria nomina* gestattete. Da es aber ein Zufall sein müßte, wenn allein diese drei Reiter aus einer einzigen Stadt zu einer früheren Viritanbürgerrechtsverleihung gekommen sein sollen — etwa *virtutis causa* —, liegt die Vermutung nahe, daß sie dieses Recht auf den dreiteiligen Namen bereits vor ihrer Dienstzeit besessen haben. Das wiederum deutet auf latinisches Recht, da sie als Römer ja in der Legion und nicht in einer Bundesgenossen-Einheit gekämpft hätten, und auf Verleihung an die ganze Gemeinde, denn an Einzelne wurde das latinische Recht nie vergeben[39]. Ilerda hätte also danach nicht allzulange vor 89 v. — denn die Vatersnamen der Soldaten sind ja noch peregrin — das Latium bekommen[40], wahrscheinlich wie bei allen latinischen Gründungen der Republik durch Einrichtung einer latinischen Kolonie. Wenn diese Hypothese zutrifft, hätte Ilerda vor dem Tod des Augustus das Bürgerrecht bekommen, worauf es ebenso wie die latinischen Kolonien Italiens nach 89 v. oder die der Transpadana nach 49 v. zu einem römischen Bürgermunicipium wurde.

[33] Municipium: Vives IV 43 nr. 1 und 6; Plin. 3, 24 *civium Romanorum . . . Ilerdenses*. Grant, FITA 170f. schließt aus der Tatsache, daß nur eine einzige Münzemission von Ilerda bekannt sei, daß es sich hier um eine Gründungs- oder Jubiläumsmünze handeln müsse. Da aber auf den Münzen keine Beamten genannt werden, läßt sich nicht nachprüfen, ob die Stadt tatsächlich nur einmal gemünzt hat oder ob Divergenzen wie MUN ILERD bei nr. 1 und MUNICIP ILERD bei nr. 6 nicht vielleicht verschiedene Emissionen anzeigen. Es könnte an der Überlieferung liegen, daß uns bisher nur Münzen aus augusteischer Zeit bekannt sind. Die augusteische Kolonie Acci (Guadix) z. B. münzte von Augustus bis Gaius (Vives IV 120ff.) und nennt nur einmal ihre Beamten (nr. 6: Germanicus und Drusus als IIviri). Wenn aber eine solche ‚Gründungsmünze‘ nicht zwingend bewiesen werden kann, verliert Grants Datierung der Gründung auf 15 v. Chr. (wegen einer Ähnlichkeit der Augustusdarstellung mit der auf stadtrömischen Denaren von 16 und weil Augustus 15 in Spanien war) viel von ihrer Wahrscheinlichkeit.
[34] CIL I² 2, 709; FIRA I² 165f., vgl. dazu C. Cichorius, Römische Studien, Leipzig 1922, 130ff.
[35] Z. 15ff. ILERDENSES / ⟨Q⟩ OTACILIUS SUISETARTEN F / CN CORNELIUS NESILLE F / P ⟨F⟩ ABIUS ENASAGIN F.
[36] G. H. Stevenson, Cn. Pompeius Strabo and the Franchise Question, JRS. 9, 1919, 95ff.; P. Bosch-Gimpera, Les soldats ibériques agents d'hellénisation et de romanisation, Mélanges . . . offerts à J. Carcopino, Paris 1966, 148 hält sie für peregrini, die nur römische Namen usurpiert hätten. Das ist für das 1. Jh. v. Chr. und in einer offiziellen Urkunde höchst unwahrscheinlich. Ansonsten gilt hierzu, was zu Stevensons These zu bemerken ist.
[37] Es wird ein Cn. Cornelius Cn. f. Pal. genannt, von dem *Cn. Cornelius Nesille f.* seinen Namen übernommen haben könnte. Von Otacilii werden zwar ein Manius und ein Lucius, aber kein Quintus (wozu sich das O der Inschrift bei ⟨Q⟩ *Otacilius Suisetarten f.* am leichtesten verbessern läßt) erwähnt. Ein Fabius, der P. ⟨F⟩*abius Enasagin f.* den Namen gegeben haben könnte, erscheint in dem Consilium nicht.
[38] Cornelius und Fabius sind sehr häufig; Otacilii werden nur in 2 Inschriften der gleichen Familie aus der Gegend von Sagunt (II 4022/23) und auf der Münze aus Celsa Vives IV 102 nr. 5 genannt.
[39] Eine Einzelverleihung des latinischen Rechts wäre auch staatsrechtlich völlig unmöglich gewesen, denn zu dieser Zeit waren die latinischen Kolonien und Municipien ja noch souveräne Verbündete des römischen Volkes und Rom konnte nicht jemand zum Bürger eines anderen Staates ernennen. Man würde auch annehmen, daß sie ebenso wie die Mitglieder von Pompeius' Consilium die Tribus angegeben hätten, wenn sie bereits römische Bürger gewesen wären. Aus den Quellen sind uns keine Einzelverleihungen des latinischen Rechts an Peregrine bekannt, vgl. unten S. 39f.
[40] Zu dem gleichen Ergebnis kommen Blázquez, Estado 99; E. Pais, Il decreto di Cn. Pompeio Strabone sulla cittadinanza dei cavalieri ispani, in: Studi storici per l'antichità classica 2, 1909, 113ff. und A. Degrassi, ILLRP II 33 Anm. 16.

2*

Valentia (Valencia) wurde 138 v. Chr. von D. Iunius Brutus Callaicus für die Soldaten seines geschlagenen Gegners Viriathus gegründet[41]. Es erhielt sicher nicht sofort das Kolonialrecht, denn in diesem Fall hätten die noch völlig unromanisierten Lusitanier römisches oder latinisches Personalrecht bekommen müssen, was höchst unwahrscheinlich ist. Doch ist Valentia jedenfalls vor 60 v. Chr. Kolonie geworden, und zwar, da wir keine Anhaltspunkte für eine spätere Veränderung seines Status haben (kaiserliche Beinamen o. ä.), wohl schon damals römische Bürgerkolonie[42]. Später bekam es dann italisches Recht[43]. Da die hier öfters bezeugten *Valentini veteres et veterani*[44], soweit die Inschriften datierbar sind, dem 3. Jahrhundert n. Chr. angehören, wird man sie wohl einer weiteren Deduktion im Verlauf des 2. Jahrhunderts zuweisen. Die Unterscheidung von *veteres* und *veterani* bedeutet jedenfalls nicht, daß in Valentia eine Doppelgemeinde bestand, wie das in der Literatur öfters vertreten wird (vgl. unten 53 ff.).

Italica (Santiponce bei Sevilla) wurde 206 v. Chr. von Scipio als älteste römische Siedlung in Spanien, von der wir wissen, gegründet[45]. Sein Rechtsstatus in republikanischer Zeit ist uns unbekannt[46], doch unter Augustus begegnet es als *municipium civium Romanorum*[47]; diesen Rang scheint es bereits im Jahre 47 v. besessen zu haben[48]. Hadrian machte seine Heimatstadt dann zur colonia Aelia Augusta Italica[49].

[41] Liv. per. 55. Die Identität dieses Valentia mit Valencia an der spanischen Levanteküste wurde zuletzt von C. Torres, La fundación de Valencia, Ampurias 13, 1951, 113 ff. und D. Fletcher Valls, Consideraciones sobre la fundación de Valencia, ArchPrehLev. 10, 1963, 193 ff. eindeutig festgestellt. Nach Fletcher Valls a. O. 202 ff. wurde die römische Siedlung auf Neuland angelegt (eine kleine bronzezeitliche Ansiedlung ist durch 2 m sterilen Bodens von den römischen Resten getrennt) und zeigt nur römisches Material ab der Mitte des 2. Jh. v. Chr. Auch von den iberischen Soldaten des Viriathus scheinen bei den letzten Grabungen archäologische Spuren (iberische Keramik) festgestellt worden zu sein: M. Tarradell, Crónica del X Congr. Nacional de Arq., Mahón 1967 (Zaragoza 1969) 186. Historisch vergleichbar sind die Ansiedlungen von Seeräubern durch Pompeius in Cilicia, Achaia, Cyrenaica und Kalabrien (vgl. die Belege bei J. Reynolds, Cyrenaica, Pompey and Cn. Cornelius Lentulus Marcellinus, JRS. 52, 1962, 102 Anm. 8).
[42] Kolonie: Plin. 3, 20. CIL IX 5275 (60 v.) aus der Gegend von Asculum kann sich nicht auf Vibo Valentia in Bruttium beziehen, da dieses als latinische Kolonie gegründet (Liv. 34, 53, 1; 35, 40, 5) im Jahre 60 völlig regelmäßig römisches Bürgermunicipium war (auch durch Cic. Verr. 5, 16, 40 als solches belegt). Auch das Valentia in der Narbonensis kann nicht gemeint sein, da dieses erst in späterer Zeit Kolonie wurde (vgl. Vittinghoff, Kolonisation 67 Anm. 2). Die Inschrift muß also das spanische Valentia meinen. Aus den oben angeführten Gründen scheint es mir unmöglich, eine Deduktion in Form einer Kolonie gleich von Anfang an in Valentia anzunehmen, wie das A. Schulten RE. 7 A, 1948, 2148 ff., E. Kornemann, RE. 4, 1900, 584 tun. A. Degrassi, Epigraphica III, MAL ser. VIII 13, 1967/68, 37 rechnet mit einer latinischen Koloniegründung 138 v. oder 137 v. A. J. N. Wilson, Emigration 40 ff. hält es für eine Kolonie aus der Zeit des Sertoriuskrieges, doch rechnet er mit einer Doppelgemeinde wegen der *veteres et veterani*, vgl. dazu unten S. 53 ff. Die Erhebung zur römischen Kolonie (wie Grant, FITA 472 auf latinisch kommt, bleibt unbegründet) scheint mit einer Neudeduktion verbunden gewesen zu sein, vgl. u. S. 54.
[43] Paulus Dig. 50, 15, 8 pr. Die Verleihung scheint nach Abfassung der Quelle des Plinius, also frühestens in tiberianischer Zeit, geschehen zu sein. Ilici, das nach Paulus a. O. ebenfalls italischen Rechts war, wird bei Plinius 3, 19 noch als *immunis* bezeichnet.
[44] *Valentini veterani et veteres:* II 3741 (nach 206 n., vgl. Alföldy, Fasti 48), 3733 (222—25), 3734—36 (249—51), 3737 (268/70), AE. 1938, 24 (270—275), II 3739 (undatiert); *decuriones Valentinorum veteranorum* AE. 1933, 5; 1938, 23 (beide undatiert); *uterque ordo Valentinorum* II 3745 (undatiert); *universus ordo Valentinorum* AE. 1933, 5 (undatiert).
[45] Appian, Iber. 153.
[46] In der wohl republikanischen Inschrift II 1119 (García y Bellido, Esculturas 420 Anm. 1) ist vico Ital] ICENSI eine Vermutung Mommsens, was Wilson, Emigration 16 übersieht.
[47] Vives IV 125 ff. Es ist nicht recht einzusehen, warum die Münzen nr. 1 und 2 Gründungsmünzen sein sollen, wie Grant FITA 173 vorschlägt, und noch weniger, daß Italica bei Augustus' Besuch in Spanien 15/14 v. eingerichtet worden sein soll, wie Grant 220 als sicher unterstellt. Sein Rang als Bürgermunicipium in hadrianischer Zeit geht sicher aus Gellius 16, 13 hervor, vgl. unten; es gibt kein Anzeichen dafür, daß es früher vielleicht latinischen Rechtes gewesen wäre.
[48] Die Stelle b. Alex. 52, 4 *Flaccum, municipem suum, adiuvant; erant enim omnes Italicenses* ist ein nicht allzu sicherer Beleg hierfür, doch wird, soweit ich sehe, *municeps* in republikanischer Zeit niemals für Bürger peregriner Gemeinden verwandt. Es gibt auch keinerlei Zeugnis für eine spätere Gründung unter Caesar oder Augustus, obwohl der Mangel eines kaiserlichen Beinamens nicht unbedingt auf eine republikanische Gründung zu deuten braucht, vgl. B. Galsterer-Kröll, S. 83 ff. Da es also keinen positiven Anhalt für eine spätere Datierung gibt, muß man vorläufig dem Verfasser des bellum Alexandrinum vertrauen und eine Konstituierung vor 47 v. annehmen (so auch zuletzt M. Wegner, Italica, Gymnasium 61, 1954, 427 ff. Vittinghoff, Kolonisation 105 hält es "vielleicht" für ein augusteisches Municipium, ebenso Henderson 11. Wilson, Emigration 38 Anm. 9 rechnet mit einer augusteischen Gründung, da eine Erhebung zum Municipium bereits 49 v. ebenso wie die von Gades in den Quellen hätte erscheinen müssen und an eine Privilegierung durch Caesar nach der Rebellion von 48 v. nicht zu denken sei).
[49] XII 1856; AE. 1908, 150 = 1952, 121 und das Bleirohr aus Italica mit der Aufschrift CAAI, das R. Nierhaus, Die wirtschaftlichen Voraussetzungen der Villenstadt von Italica, MM. 7, 1966, 193, veröffentlicht hat. Zu der Rede Hadrians,

Graccurris (Alfaro am Ebro) wurde 178 v. Chr. von Ti. Sempronius Gracchus gegründet[50] und ist uns im 1. Jahrhundert n. Chr. als latinisches Municipium belegt[51]. Daraus jedoch zu schließen, die Stadt habe seit Gracchus das Latium besessen[52], scheint gewagt angesichts der Tatsache, daß die pompeianische Gründung Pompaelo über 100 Jahre auf ihr Stadtrecht warten mußte (s. u.).

Ebenfalls von Sempronius Gracchus wurde nach einer neuen Inschrift[53] Illiturgi gegründet, das bei Isturgi und Ossigi am oberen Guadalquivir, in der Gegend nördlich von Jaén, lokalisiert wird[54]. Es verblieb wohl in seinem peregrinen Status, bis es unter Caesar oder Augustus Municipal- oder Kolonialrecht erhielt[55]. Zur Zeit Hadrians war es jedenfalls Kolonie, wie aus einer von Hübner zu Unrecht für falsch erklärten Inschrift hadrianischer Zeit hervorgeht[56].

in der er über den Antrag der Stadt auf Verleihung des Kolonialtitels spricht, vgl. bei Gellius 16, 13. Schwierig ist die Interpretation von 1135, in der ein GABINIUS MUCRO C R C V ITALICENSIUM genannt wird. C R kann wohl nur *C(ivis) R(omanus)* bedeuten, doch ist kaum zu verstehen, warum ein Bürger einer *colonia civium Romanorum* das in seiner Heimatstadt besonders betonen sollte. Das V wird von García y Bellido, Colonias 508 zu „Urbs" oder „Victrix" aufgelöst, doch fehlt uns jeder weitere Beleg, daß Italica einen dieser in Spanien recht häufigen Titel („Urbs": Gades, Osca, Tarraco; „Victrix": Carthago Nova, Celsa, Obulco, Osca) geführt haben könnte. Sinnvoll, aber epigraphisch m. E. zu schwierig wäre die Ergänzung C[u]R C[i]V = *curator civitatis*. C. Fernández-Chicarro, Inscripciones de militares en el Museo Arqueológico de Sevilla, Rev. de Archivos, Museos y Bibliotecas 51, 1955, 594f. löst die Abkürzungen als *c(ivis) R(omanas) c(ohortis) V Italicensium* auf. Doch wäre auch hierbei nicht recht zu verstehen, warum Mucro als Soldat einer aus Bürgern einer römischen Gemeinde rekrutierten Truppe noch besonders auf sein Bürgerrecht hinweisen sollte. Weiterhin sind zwar im Westen des Reiches Kohorten bekannt, die in Municipien oder Kolonien aufgestellt wurden (in Africa die allerdings sehr schlecht überlieferte coh. II Cirtensium, VIII 9631, aus der Bürgerkolonie Cirta; in Spanien eine coh. prima Ause(tanor. ?), II 1181, aus der latinischen Gemeinde (Plin. 3, 23) der Ausetani um das heutige Vich in Katalonien und die coh. Servia Iuvenalis, II 3272, im Municipium Caesariensium Iuvenalium Castulo (Cazlona); doch dürfte es sich bei diesen Einheiten kaum um reguläre Auxilia gehandelt haben (vgl. R. Cagnat, De municipalibus et provincialibus militiis in imperio Romano, Paris 1880, 23f.). Die hohe Kohortennummer V in der Interpretation von Fernández-Chicarro erweckt jedoch starke Bedenken, da kaum angenommen werden kann, daß aus einem Municipium 5 solche Einheiten aufgestellt werden konnten.

[50] Livius per. 41, Festus 86 L.
[51] Latium vetus: Plin. 3, 24; Münze Vives IV 113: Municipium unter Tiberius.
[52] A. Beltrán, El río Ebro en la Antigüedad Clásica, Caesaraugusta 17, 1961, 78; Marchetti 797; García y Bellido, Colonias 448f. rechnet zwar mit einer Deduktion unter Gracchus, nimmt aber Verleihung des Latium durch Agrippa und des Municipalstatuts unter Augustus an. Es wird nicht gesagt, auf welche Quellen er seine wenig wahrscheinliche Hypothese stützt. Grant, Aspects 152 meint, Graccurris sei vielleicht von Tiberius gegründet, da es in dessen Regierungszeit zu münzen beginne.
[53] A. Blanco—G. Lachica, De Situ Illiturgis, ArchEspArq. 33, 1960, 193ff. veröffentlichten folgende Inschrift aus las Torres bei Maquiz (= HAE 2079): T SEMPRONIO GRACCHO / DEDUCTORI / POPULUS ILLITURGITANUS. Es ist aus sprachlichen und epigraphischen Gründen sicher, daß die Inschrift nicht aus der „Deduktions"-Zeit stammen kann, doch spricht andrerseits auch nichts dafür, die Inschrift mit García y Bellido, Colonias 449 Anm. 6 ohne weiteres zu einer Fälschung zu erklären (vgl. die sehr ähnliche Inschrift AE. 1951, 81 aus Thuburnica). Die Herausgeber datieren sie nach dem Schriftbild in das 1. Jh. n. Chr. und meinen, da als Stifter der Inschrift der *populus* von Illiturgi auftrete, nicht der *ordo* oder Beamte, müsse die Stadt zu dem Zeitpunkt, als die Inschrift gesetzt wurde, peregrin gewesen sein. Doch kommt dies durchaus auch in privilegierten Gemeinden vor, wie II 1305 aus Asido und 1185 aus Hispalis zur Genüge beweisen; ihr Argument ist also wenig sicher.
[54] II 190* stammt aus Villanueva de Andújar, die anderen Inschriften aus Mengíbar (AE. 1965, 101) und dem nahegelegenen Maquiz (vgl. CIL II p. 297). Nach Plin. 3, 10 müssen Illiturgi, Isturgi und Ossigi nahe beieinander gelegen haben. Deshalb ist auch die Entscheidung, welche Inschriften zu welchem Ort gehören und welche Stadt wo anzusetzen ist, sehr schwierig und ohne Untersuchungen an Ort und Stelle wohl kaum möglich.
[55] Zur peregrinen Gründung vgl. auch Degrassi MAL 1967/68 a. O. 37. Plin. 3, 10 nennt es *Illiturgi quod Forum Julium* ohne Angabe seiner Rechtsstellung, doch haben wir in Spanien kein einziges Beispiel dafür, daß eine Stadt mit solchen Beinamen peregrin gewesen wäre, vgl. B. Galsterer-Kröll 25f.
[56] 190* (vgl. auch Keune, RE. Suppl. 3, 1918, 1228) lautet

IMP C[aesari traiano]
HAD[riano aug pont max]
P P TR[ib pot . . . cos . res p]
COLONIAE FO[ri iuli]
ILLITURGIT D[ec dec]

Die Ergänzungen sind von mir nur vorschlagsweise beigefügt worden, doch kann die Inschrift nicht viel breiter gewesen sein, da in Zeile 4 keine andere Ergänzung möglich ist und Hübner nichts von einer — theoretisch natürlich möglichen — Einrückung der beiden letzten Zeilen schreibt. Wenn also die Zeilenlänge etwa feststeht, kann es sich auch kaum um einen anderen Kaiser als Hadrian gehandelt haben (in Frage käme noch Antoninus Pius), da sonst Zeilen 1+2 zu lang

Republikanischen Ursprungs ist auch C a e c i l i a M e t e l l i n u m (Medellín)[57], doch wissen wir nicht, ob es seinen von Plinius belegten Rang als römische Bürgerkolonie[58] schon seit seiner Gründung hatte, die wohl im Prokonsulat des Q. Caecilius Metellus 80/79 v. erfolgte[59].

P o m p a e l o (Pamplona) erhielt seinen Namen wohl im Sertoriuskrieg von Pompeius[60], doch blieb es bis in das 1. Jahrhundert n. Chr. stipendiare Gemeinde. Zwischen 57 n. und 119 n. erhielt es privilegierten Status[61].

Auffallenderweise wurde bei den bisherigen Grabungen in Pamplona nur kaiserzeitliches Material gefunden[62]. Wenn das zutreffen sollte, müßte man eine Umsiedlung der Stadt — möglicherweise im Zusammenhang mit der Rangerhebung — annehmen.

Ziemlich rätselhaft ist der Status von M u n d a, das nach Plinius früher *colonia immunis* war[63]. Da die Stadt wohl nach der Schlacht von Munda für immer zerstört wurde[64], muß man annehmen, daß es diesen Rang schon vor 45 v. besessen hat. Es wäre damit die früheste *colonia immunis*, von der wir wissen.

Die Bewohner des Kastells L a s c u t a, Sklaven der peregrinen Bürger von Hasta, wurden 189 v. Chr. von L. Aemilius Paullus aus ihrem Abhängigkeitsverhältnis gelöst

würden. Die Stellung von *P(ater) P(atriae)* nach der Angabe des Oberpontifikates ist auch sonst im 2. Jh. belegt (III 5912, 11322; VIII 11799 u. ö.). Die Konsulatszahl dürfte wahrscheinlich III sein, da Hadrian von 119 bis 138 den Konsulat nicht mehr bekleidete. *Res publica* bei Städten römischen oder latinischen Rechts kommt in Spanien im 2. Jh. öfters vor (II 1725, 1946, 4057, 4249, 4269 u. ö.). Der Terminus *res publica coloniae* bzw. *r. p. municipii* begegnet zwar nicht in Spanien, aber recht häufig in Afrika (VIII 1550, 5332, 9062, 15563 u. ö.). Es kann aber an dieser Stelle kaum etwas anderes gestanden haben. Eine Erwähnung von *deductor, constitutor* oder ähnlichem ist ausgeschlossen, denn das würde als *deductori suo. colonia . . .* ausgedrückt worden sein.

Hübner hält die Inschrift für falsch, weil Illiturgi hier als Kolonie erscheint, während es Plinius a. O. unter die *municipia* rechne. Auch seien die 9 Kolonien der Baetica (vgl. CIL II p. 152) sämtlich bekannt. Doch ist das erstens nicht unbedingt der Fall, denn Carteia als latinische Kolonie (die von Plinius in der Narbonensis 3, 36 immer als *oppida latina* bezeichnet werden; Carteia erscheint bei ihm 3, 7 ohne staatsrechtliche Qualifikation) braucht nicht in die Reihe der Kolonien des Plinius zu gehören, und zweitens kann die Erhebung von Illiturgi zur Kolonie ja durchaus nach Abfassung der plinianischen Quelle liegen. Jedenfalls aber ist das Schweigen des Plinius kein Argument gegen die Echtheit der Inschrift. — Die Tradition der Inschrift erweckt ebenfalls keine Bedenken: von den ersten Abschreibern sind Siruela (CIL II p. XIX nr. 53) und Terrones (ib. p. 297) nach Hübner recht zuverlässig und auch Rus Puerta bringt neben manchen Fälschungen so viele echte Inschriften (vgl. II p. 222 und 453), daß man ihn nicht ohne gewichtige Gründe vernachlässigen darf. Die Fälschung müßte außerdem schon relativ früh geschehen sein, da die Inschrift in der sehr alten, im 19. Jh. abgerissenen Kirche Sta. Potenciana bei Villanueva verbaut war (Hübner, Monatsberichte d. preuß. Akad. d. Wissensch. 1861, 49). Schließlich wäre es auch verwunderlich, wenn ein Fälscher die Inschrift verstümmelt und dann noch mit einer so ausgefallenen Umstellung innerhalb der kaiserlichen Titulatur angefertigt hätte. Insgesamt ergeben sich also weder aus dem Inhalt noch aus der Überlieferung von 190* irgendwelche Anhaltspunkte dafür, daß die Inschrift gefälscht sein könnte.

[57] Ptol. 2, 5, 6. Die Handschriften bieten Μέλλινον bzw. Γεμέλινα, doch ist die in den Ausgaben vorgenommene Konjektur und Gleichsetzung mit dem Metellinum bei Plin. 4, 117; It. Ant. 416, 2 und Rav. 4, 44 gegen Hübner CIL II p. 72 (vgl. auch Henderson JRS. 1942, 7) aufrechtzuerhalten, denn eine Identifizierung mit dem Ort Castra Caecilia (vgl. unten bei Norba) verbietet sich wegen der bei Ptolemaeus gegebenen geographischen Koordinaten von Metellinum, nach denen die Stadt in der Nähe von Emerita gelegen haben muß.

[58] Plin. 4, 117.

[59] Vgl. García y Bellido, Colonias 458f., Marchetti 878, Sutherland 117. Vittinghoff 77 hält es für wahrscheinlich caesarisch; als Kolonie des Metellus bei Schulten, RE. 13, 1927, 1872.

[60] Strabo 3, 4, 10 πόλις Πομπέλων, ὡς ἂν Πομπηιόπολις, vgl. Schulten RE. 21, 1952, 1994 und Blázquez, Estado 97.

[61] Plin. 3, 24 Pompaelo als *stipendiaria*; 2958 von 57 n. nennt es noch als civitas, doch in 2959 von 119 n. erscheinen IIviri der Stadt, was ein Indiz für die in der Zwischenzeit geschehene Einrichtung einer Kolonie oder eines Municipiums ist.

[62] Vgl. M. Mezquíriz, La excavación estratigráfica de Pompaelo I, Pamplona 1958 (zitiert bei Blázquez a. O.).

[63] 3, 12 *coloniae immunes . . . inter quas+fuit Munda cum Pompeio filio rapta*, vgl. Strabo 3, 2, 2 τρόπον δέ τινα μητρόπολις κατέστη τοῦ τόπου τούτου Μοῦνδα.

[64] Bei Strabo ist nichts von einer Zerstörung gesagt, doch da bisher nicht einmal die genaue Lage Mundas festgestellt ist, es auch epigraphisch oder bei den Schriftstellern niemals mehr erwähnt wird, scheint Plinius recht zu haben, vgl. Schulten RE. 16, 1933, 557. Der Kolonierang Mundas wird bestritten von Hübner CIL IIp. 847; Kornemann, Colonia 540 nr. 175. Im b. Hisp. 32, 1, wird Munda als *oppidum* bezeichnet. Da aber dieser terminus auch für Carteia verwandt wird (ib. 32, 6), ist das nicht beweiskräftig. Wenn die bei Eckhel I p. 25 genannten Münzen mit MUNDA / L AP DE echt sind und wenn man mit Grant FITA 24f. diesen auch in Urso, Myrtilis und Lilybaeum in Sizilien (nicht in Baelo, vgl. unten 34 Anm. 41) münzenden Mann mit einem Quaestor des Sex. Pompeius namens L. Appuleius Decianus identifizieren will — diese Identifikation wird von T. R. S. Broughton, The Magistrates of the Roman Republic II, New York 1952, 474 akzeptiert; zur Familie vgl. Wilson, Emigration 164 —, wäre das ein schöner Beleg für die Anwesenheit der Pompeianer in Munda.

und es wurde ihnen Lascuta zu prekarischem Eigentum übertragen[65]. Doch kann man daraus selbstverständlich nicht folgern, die Stadt habe einen ähnlichen Status als *colonia Latina libertinorum* bekommen wie Carteia[66].

Über den stadtrechtlichen Zustand schließlich von Brutobriga, das uns nur von Münzen bekannt ist[67], können wir überhaupt nichts sagen. Nach seinem Namen wurde es höchstwahrscheinlich von D. Iunius Brutus Callaicus, dem Statthalter der Ulterior in den Jahren nach 138 v. Chr., gegründet[68].

Zusammenfassend läßt sich bemerken: im 2. Jahrhundert v. Chr. wurden in Spanien fünf latinische Kolonien gegründet. Ihre Gründungsdaten verteilen sich auf die Zeit von 171 v. (Carteia) bis kurz vor dem Bundesgenossenkrieg (Ilerda). Zeiten besonderer Häufung von Gründungen lassen sich nicht feststellen. Warum nach 90/89 v. in Spanien, soweit wir das bei unseren mangelhaften Kenntnissen sagen können, keine latinischen Kolonien mehr angelegt wurden, bleibt unerklärt, doch sind auch sonst zwischen den latinischen Koloniegründungen in der Transpadana 90/89 v. und den wohl caesarischen latinischen Kolonien der Narbonensis keine Gründungen des 1. Jahrhunderts bekannt.

Die latinischen Gemeinden Spaniens wurden aber nicht — wie die latinischen Kolonien Italiens — nach dem Bundesgenossenkrieg in Municipien umgewandelt (Carteia, Corduba, Palma und Pollentia sind noch später als Kolonien belegt), d. h. sie erhielten damals nicht das römische Bürgerrecht: Ilerda, Palma und Pollentia wurden wohl in caesarisch-augusteischer Zeit Municipia civium Romanorum, Corduba wohl unter Augustus Bürgerkolonie.

Die latinischen Kolonien wurden in schon befriedetem Territorium, aber sichtlich unter strategischen Gesichtspunkten angelegt: Carteia an der Bucht von Algeciras, einem der besten Häften des westlichen Mittelmeers, Corduba zwischen dem reichen Tal des Guadalquivir, das damals immer wieder Ziel lusitanischer Beutezüge war, und dem Silbergebiet der Sierra Morena, Ilerda an einem Flußübergang der wichtigen Straße von Tarraco in das Ebrotal. Bestimmung von Palma und Pollentia war es, die eben unterworfenen balearischen Inseln unter Kontrolle zu halten. Über den Gründungsmodus dieser Städte wissen wir nichts. In Italien wurden latinische wie Bürgerkolonien von IIIviri deduziert, doch erscheinen in den Berichten über die Gründung zumindest von Carteia, Corduba, Palma und Pollentia immer die Statthalter als Gründer der Städte. Ein Teil dieser latinischen Kolonien war mit römischen Bürgern deduziert, so Corduba, Palma und Pollentia (in beiden letzteren sicher mit *cives Romani* aus Spanien). Carteia wurde für Kinder römischer Soldaten gegründet; es gibt sonst kein Beispiel dafür, daß die Römer sich moralisch verpflichtet gefühlt hätten, den im Okkupationsland gezeugten

---

[65] II 5041 *utei quei Hastensium servei in turri Lascutana habitarent, leiberei essent, agrum oppidumqu(e), quod ea tempestate posedisent, item possidere haberque iousit, dum poplus senatusque Romanus vellet.* Vgl. dazu E. H. Warmington, Remains of Old Latin IV, 1940, 254 Anm. 3 und A. Heuss, Die völkerrechtlichen Grundlagen der römischen Außenpolitik in republikanischer Zeit, Klio Beiheft 31, 1933, 104.

[66] So P. Bosch Gimpera, A. Aguado Bleye HE 69; Saumagne, Droit latin 65ff. Prekarisches Eigentum ist mit jeder Art von Kolonial- oder Municipalrecht unvereinbar, da dieses ja immer ein dauerndes, nicht willkürlich revozierbares Stadtrecht voraussetzt. Abgesehen davon ist Lascuta noch bei Plin. 3, 15 als stipendiare Gemeinde belegt.

[67] Vives III 113; vielleicht zu identifizieren mit dem bei Stephanus Byz. ad vocem genannten Βρουτοβρία... μεταξύ Βαίτιος ... καὶ Τουρδιτανῶν. Grant, FITA 381 hält die Münze für die Gründungsemission des latinischen Municipiums Brutobriga, wozu kein Anlaß vorliegt. Unbegründet ist auch seine Identifizierung des auf der Münze genannten T MANLIUS T F SERGIA mit einem sonst unbekannten legatus pro praetore des jenseitigen Spanien im Jahre 42 v. Chr. (Grant schließt sich Münzer, RE. 14, 1928, 1191 nr. 63 an, der unter Verweis auf mangelnde numismatische Parallelen das SERGIA der Münze nicht als Tribus, sondern als abgekürzten Beinamen Sergia(nus) interpretiert hatte. Nun gibt es aber einen etwas früheren A. Manlius Q. f. Ser., den Grant a. O. zitiert, und einen etwas späteren C. Marius C. f. Tro. (RIC I 76), bei denen der Verdacht, daß hier ihre Tribus angegeben ist, kaum mehr von der Hand zu weisen ist. Man wird also auch bei dem Manlius der Münze von Brutobriga dies nicht unbedingt verneinen können).

[68] Vgl. Münzer, RE. 10, 1918, 1021 nr. 57.

illegitimen Nachwuchs ihrer Soldaten zu versorgen. Ilerda schließlich war — nach den Namen der Soldaten von 89 v. zu schließen — von Spaniern kolonisiert, denen das latinische Recht verliehen war. Es sind das Vorläufer jener Kolonien, die Pompeius Strabo 89 v. in der Gallia Cisalpina errichtete, *non novis colonis eas constituit sed veteribus incolis manentibus ius dedit Latii*[69]. Aus Asconius geht hervor, daß das damals noch ungewöhnlich war (seitdem wurde es ja üblich und man hörte auf, latinische Kolonien nach alter Weise zu deduzieren) und es mag durchaus sein, daß für Pompeius Strabo spanische Städte wie Carteia und Ilerda zum Vorbild dienten.

Neben den latinischen Kolonien stehen die peregrinen Gründungen Roms. Sie beginnen mit Italica und setzen sich über Graccurris, Metellinum und Pompaelo (übrigens der einzigen nachweisbaren Gründung des Pompeius in Spanien) bis zu den Iulio- und Augustobriga der Kaiserzeit fort. Ihrer geographischen Lage nach sind diese Städte weiter als die Kolonien gegen das noch nicht romanisierte Gebiet vorgeschoben.

Für die innere Verwaltung der Städte in republikanischer Zeit läßt sich wenig sagen, aber nach den Angaben über Carteia scheint es, als ob die latinischen Kolonien dieselbe Organisation wie diejenigen Italiens gehabt hätten.

[69] Asconius in Pisonianam p. 3 Clark, vgl. U. Ewins, The Enfranchisement of Cisalpine Gaul, PBSR 23, 1955, 73 ff.

III ZU GRÜNDUNGEN DER CAESARISCH-AUGUSTEISCHEN ZEIT

Bei den folgenden Untersuchungen über privilegierte Städte (Kolonien und Municipien) aus der Zeit Caesars und des Augustus ist nicht wie in dem vorangehenden oder in dem folgenden Kapitel beabsichtigt, sämtliche Gründungen dieser Periode anzuführen, da sich eine solche Übersicht mühelos aus den vorhandenen Zusammenfassungen erreichen läßt[1]. Eine Aufzählung dieser Art müßte notwendigerweise weithin eine Wiederholung bereits von anderer Seite vorgebrachter Überlegungen sein, ohne daß Neues dazu gesagt werden könnte. Es werden im folgenden deshalb nur solche Städte angeführt, bei denen sich entweder aufgrund neuer Inschriftenfunde oder sonstiger Quellen Änderungen gegenüber dem bisher angenommenen Status ergeben haben, oder bei denen wir glauben, interpretatorisch oder methodisch anders vorgehen zu müssen als unsere Vorgänger, und so zu neuen Ansätzen für die Bestimmung des Ranges einer Gemeinde, das Datum der Privilegierung oder auch der Lokalisierung einzelner Städte kommen. Erörterungen über den von der normalen Übung abweichenden Beamtenapparat mehrerer Gemeinden Lusitaniens und der Tarraconensis sollen eine Grundlage für spätere Untersuchungen zur inneren Verwaltung in den spanischen Städten (Kap. VI) geben.

I Baetica

Gades (Cádiz) war in augusteischer Zeit nach Rom wohl die größte Stadt des Westens[2]. Ein Beweis dafür ist, daß es damals unter seine Bürger 500 Männer mit dem römischen Rittercensus von mindestens 400000 HS zählte[3]. Die Stadt war seit 206 v. mit Rom durch ein Foedus verbunden, das 78 v. vom Senat erneuert wurde[4]. Im Jahre 56 v., als Cicero seine Rede für den Gaditaner Balbus hielt, war die Stadt noch foederiert, 49 v. verlieh ihr Caesar das Bürgerrecht[5]. Als Municipium ist Gades erst unter Augustus genannt[6], doch sind uns municipale Einrichtungen (IIIIviri und Komitien zu deren

---

[1] Vittinghoff, Kolonisation 72—81, 104—110; Kornemann in den Artikeln „colonia" und „municipium" der RE. sowie Marchetti in dem Artikel „Hispania" des DE. Nur die Kolonien behandelt García y Bellido, Colonias. Die Städte der Baetica sind vollständig erfaßt bei Thouvenot 188 ff.; vgl. die Listen unten 65 ff.

[2] Strabo 3, 5, 3; vgl. auch A. García y Bellido, Iocosae Gades, BolAcadHist. 129, 1951, 89 f.

[3] Strabo a. O. Es wurde nach ihm darin nur noch von dem sprichwörtlich reichen Patavium übertroffen. Zum Vergleich sei die Provinz Cyrene angeführt, in der es nach dem ersten Edikt des Augustus für die Cyrener im Jahre 7 v. (Riccobono FIRA I² 404) nur 215 Römer gab, die einen Census von 10000 Sesterzen oder mehr hatten.

[4] Liv. 28, 23, 6 ff.; 32, 2, 5; Cic. Balb. 34.

[5] Liv. per. 110 (49 v.) *Gaditanis civitatem dedit*. Dio 41, 24, 1 καὶ τοῖς γε Γαδειρεῦσι πολιτείαν ἅπασι ἔδωκεν, ἣν καὶ ὁ δῆμός σφισι ὕστερον ἐπεκύρωσε, vgl. Vittinghoff, Kolonisation 75 f und Corolla 226. Die Bürgerrechtsverleihung wird von L. Rubio, Los Balbos y el imperio Romano, Anales de Historia Antigua y Medieval, Buenos Aires, 1949, 101 wohl irrtümlich in das Jahr 59 v. verlegt.

[6] Vives III 8 ff. nr. 25 M AGRIPPA COS III MUNICIPI PARENS und nr. 26 MUNICIPI PATRONUS PARENS; also nach 27 v., als Agrippa cos. III war; als nächster Beleg unter Claudius von dem Gaditaner Columella 7, 2, 4; die bei M. Gómez-Moreno, Misceláneas I, Madrid 1949, 165 genannte Münze, auf der Gades als colonia Augusta Gaditana erscheint (COL A GAD, vgl. auch A. Beltrán y Martínez, Curso de Numismática I, Cartagena 1950, 284), wird von A. M. de Guadán, Gades como heredera de Tartessos en sus amonedaciones conmemorativas del praefectus classis, ArchEspArq. 34, 1961, 59 Anm. 18 wohl zu Recht als Fälschung zurückgewiesen. CIL II 4277 (nach 161 n.), wo ein munic(ipium) August(?) genannt ist, wurde von Hübner a. O. auf Gades oder auf das municipium Augustum Saetabis bezogen. Aus einer neuen Inschrift aus der Nähe von Tarraco, die M. Berges in Kürze veröffentlichen wird und deren Zitierung er mir freundlicherweise gestattete, geht jedoch hervor, daß es sich um die Stadt Augustobriga (Muro de Agredo, Prov. Soria) handelt, für die somit zum erstenmal sicher der Municipalstatus bezeugt ist (der IIvir von II 2886 aus Vinuessa dürfte damit, wie bereits Hübner a. O. vermutete, sicher zu Augustobriga gehören). Den Hinweis auf diese Inschrift verdanke ich Herrn Prof. Géza Alföldy, Bochum.

Wahl) schon aus dem Jahr 43 v. bekannt[7]. Plinius' anscheinend etwas seltsam klingende Bezeichnung *oppidum civium Romanorum, qui appellantur Augustani Urbe Julia Gaditana*[8] wurde von Saumagne, Grant, Schönbauer und García y Bellido dahingehend ausgelegt[9], daß hier Bürgerrechtsverleihung und Erhebung zum Municipium voneinander zu trennen seien und daß das eine unter Caesar, das andere jedoch erst unter Augustus geschehen sei. Man stützt sich dabei meist auf die Bezeichnung Agrippas auf Münzen als *municipi parens*, was jedoch sicher nur eine Verstärkung von *patronus* bedeutet, wie die Nennung als *municipi patronus parens* zeigt[10]. Plinius' Ausdrucksweise würde bedeuten, daß die Bewohner von Gades einen eigenen, von dem der Stadt verschiedenen Beinamen geführt hätten, was im gesamten römischen Reich ohne Parallele wäre[11]. Der Text bei Plinius ist jedoch keineswegs so gesichert, daß man nicht auch statt der obigen Lesart *oppidum civium Romanorum, quod appellatur Augusta Urbs Julia Gaditana* vertreten könnte[12], was durch ähnliche Namen (wie etwa *colonia Julia Urbs Triumphalis* für Tarraco[13] gestützt würde. Jedenfalls ist es nicht angängig, ein *oppidum c. R. Augustanum* von der *urbs Julia Gaditana* zu trennen, wie das Saumagne tut, der sicher auch nicht Recht hat, wenn er Livius und Dio zutraut, sie hätten mit der bei ihnen geschilderten Verleihung von Bürgerrecht eigentlich eine Latiumverleihung gemeint[14]. Grants Vorschlag[15], Gades hätte zwischen der Bürgerrechtsverleihung durch Caesar und der Erhebung zum Municipium unter Augustus einen ähnlich halbmunicipalen Zustand

---

[7] Asinius Pollio beschreibt in einem Brief an Cicero vom 8. Juni 43 das Treiben des jüngeren Balbus in Gades (fam. 10, 32, 2): *ludis quos Gadibus fecit, Herennium Gallum histrionem summo ludorum die anulo aureo donatum in XIIII sessum deduxit (tot enim fecerat ordines equestris loci); quattuorviratum sibi prorogavit; comitia bienni biduo habuit, hoc est renuntiavit quos ei visum est; exsules reduxit non horum temporum, sed illorum quibus a seditiosis senatus trucidatus aut expulsus est Sex. Varo procos.*

[8] N. h. 4, 119, zitiert nach den Ausgaben von Detlefsen, 1904 und Mayhoff, 1906.

[9] Saumagne, Droit Latin 71 ff.; Grant FITA 171 f.; E. Schönbauer, Municipia und Coloniae 13 ff.; García y Bellido a. O. (s. Anm. 2) 96.

[10] Die vielen italischen Belege für *parens, pater* und *mater* (!) *coloniae* oder *municipi* (XI 407, 5175, 7993 u. a.) haben sicher nichts mit Gründern zu tun, ebenso die Inschrift, in der Augustus als *pater* des Municipiums Falerii genannt wird (XI 3083). Iader, wo Augustus inschriftlich zweimal als *parens* bezeichnet wird (III 2907, 13264), dürfte mit ziemlicher Sicherheit augusteische Gründung sein (vgl. zuletzt J. Wilkes, Dalmatia, London 1969, 206 ff.), während das für Bononia zumindest umstritten ist (A. Pestalozza, DE. I 1016 f.).

[11] Namen, die verschiedene Abteilungen der Bürgerschaft bezeichnen, wie in Valentia und sonst öfters die *veteres* und *veterani* oder in Arretium die *Arretini veteres, A. Fidentiores* und *A. Iulienses* (Plin. 3, 52), müssen hier natürlich aus dem Spiel bleiben, da es sich dabei um verschiedene Deduktionsstufen in Kolonien handelt (s. u. S. 55), was ja bei Gades nicht zutrifft, da es Municipium war.

[12] Bei den Anm. 9 zitierten Forschern — mit Ausnahme von Saumagne 73 — ist der tradierte Text ohne weiteres akzeptiert worden, doch ist auch die oben gegebene Variante vertretbar: *qui* bieten AE². ; in der gesamten jüngeren Handschriftenklasse DFRE (vgl. dazu die Einleitung der Ausgabe Mayhoffs) ist die vom Sinn her erforderliche relative Anknüpfung ausgefallen, nur d, der sich wohl von F herleitet, bietet *quod*. Man kann dieses *quod* also in gewisser Weise als stellvertretend für die gesamten jüngeren codd. betrachten. *appellatur* bietet der vetustissimus A selbst, daneben R. *Augusta urbs* steht in F, der durch seinen Korrektor F² nach einem sehr alten Codex vorzüglich überprüft wurde (wobei *urbs* für *urbe* gesetzt wurde). *Gaditana* bietet nur d. Bei Detlefsens und Mayhoffs oben im Text gegebenen Lesarten wäre A an 3 Stellen, bei der hier vorgeschlagenen an 4 Stellen zu verbessern. Anstößig bleibt die Pliniusstelle in jedem Fall.

[13] „Urbs" taucht im Stadtnamen in Spanien sonst noch in Salacia (*urbs Imperatoria*, Plin. 4, 116), Carthago Nova (auf den Münzen Vives IV 28 ff. nr. 1+3 C(olonia) U(rbs) J(ulia) N(ova) C(arthago), vgl. García y Bellido 1962, 369 f.), Osca („Urbs Victrix", vgl. die Münze Vives IV 49 ff. nr. 23) und vielleicht bei Italica auf, vgl. García y Bellido, Colonias 470 und oben 12 Anm. 49.

[14] C. Saumagne, Droit Latin 71 ff. und Observations 852 f. Es ist nicht einzusehen, wie der Epitomator des Livius dazu gekommen sein soll, statt von einer in seiner Vorlage beschriebenen Verleihung von latinischem Recht durch Caesar von einer solchen des Bürgerrechts zu sprechen. Da es den Ausdruck *civitas Latina* o. ä. (analog zu *civitas Romana*) meines Wissens nicht gegeben hat, kann auch hierdurch kein Irrtum entstanden sein. Cassius Dio vollends, ob er nun an dieser Stelle Livius benutzte oder nicht, muß als gewesener Konsul und hoher Verwaltungsbeamter den Unterschied noch zu gut gekannt haben, als daß er in so ungewöhnlicher Weise πολιτεία für latinisches Recht verwendet hätte („latinisches Recht" erscheint bei ihm nach dem „Index Historicus" der Ausgabe von Boissevain [ed. H. Smilda, 1926] überhaupt nicht; πολιτεία bedeutet bei ihm nach den im „Index Graecitatis" derselben Ausgabe [ed. W. Nawijn, Berlin 1931, 643] angegebenen Stellen überall das römische Bürgerrecht). Hieran scheitert m. E. auch Hendersons Vermutung (JRS. 32, 1942, 10), Gades sei zunächst latinische Kolonie Caesars, dann Bürgermunicipium des Augustus gewesen.

[15] FITA 171.

besessen wie die Fora und Conciliabula in Italien, scheitert daran, daß uns solche Gemeindeformen in Spanien nicht bekannt sind. Man wird also mit Hübner, Vittinghoff und Blázquez[16] am ehesten annehmen, daß bereits Caesar die Stadt als römisches Municipium eingerichtet hat. Wenn der jüngere Balbus schon vor 43 v. den Rittern in Gades 14 Sitzreihen des Theaters angewiesen hatte[17], dann könnte das auf seine und seines Onkels als sicher anzunehmende Mitwirkung bei der Abfassung des Municipalstatuts gehen.

Hispalis (Sevilla) führte, seit Caesar hier eine Kolonie anlegte[18], den offiziellen Namen Romula. Das Nebeneinander beider Namen, das Vorkommen der zwei Tribus Galeria und Sergia[19] und schließlich eine Notiz bei Strabo[20] über eine sonst unbekannte Stadt Baetis, die in Triana, dem Vorort Sevillas jenseits des Guadalquivir, gesucht wurde[21], ließ neben anderen Forschern auch Mommsen zu der Annahme gelangen, hier habe eine Doppelkolonie von Romula und Hispalis bestanden[22]. Eine inschriftliche Nennung des *ordo Romulens(ium) Hispalens(ium)* wie auch die Nachrichten bei Plinius und Isidor von Sevilla zeigen jedoch deutlich, daß *Romula* nur der Beiname von Hispalis war[23]. Das Vorkommen mehrerer Tribus nebeneinander ist in den großen spanischen Städten keineswegs ungewöhnlich[24]. Schließlich geht aus der Angabe Strabos nicht hervor, daß Baetis ein städtisches Recht hatte[25]. Da auch die Lokalisierung dieses Ortes in Triana unwahrscheinlich ist[26], muß die Existenz einer Doppelkolonie in Hispalis als unbewiesen abgelehnt werden[27].

[16] Hübner, RE. 7, 1910, 439 ff., Vittinghoff, Kolonisation 33; Blázquez, Estado 74.
[17] Vgl. oben 18 Anm. 7.
[18] Isidor origines 15, 1, 71 *Hispalim Caesar Iulius condidit, quam ex suo et Romae urbis vocabulo Iuliam Romulam nuncupavit.* Der hier genannte Beiname Iulia taucht in der Überlieferung sonst nirgends auf, vgl. García y Bellido, Colonias 461 ff.
[19] Galeria: CIL II 1175, 1178, 1181, 1185, 1187; Sergia: II 1176, 1184, 1188, 2545; daneben sind auch noch Quirina (II 1180, 1182, 1186) und Aemilia (EE VIII 501 nr. 273) belegt. Henderson 12 meint, die caesarische Zivilkolonie in Hispalis, das ἐμπόριον des Strabo (s. Anm. 20), sei in der Tribus Sergia eingeschrieben gewesen, die augusteische Militärkolonie Baetis in der Galeria (zu Baetis vgl. unten). Die in Hispalis auch vorkommende Tribus Quirina verrät nach García y Bellido, Colonias 461 ff. die späteren Neuansiedler unter Otho (Tac. Hist. 1, 78, 1).
[20] Strabo 3, 2, 1 ἡ μὲν Ἱσπαλις ἐπιφανής, καὶ αὐτὴ ἄποικος Ῥωμαίων· νυνὶ δὲ τὸ μὲν ἐμπόριον συμμένει, τῇ τιμῇ δὲ καὶ τῷ ἐποικῆσαι νεωστὶ τοὺς Καίσαρος στρατιώτας ἡ Βαῖτις ὑπέρεχει, καίπερ οὐ συνοικουμένη λαμπρῶς.
[21] Vgl. Mommsen a. O.; Henderson a. O.; Hübner RE. 2, 1896, 2764 identifiziert ohne Begründung Baetis mit Italica.
[22] Mommsen CIL II p. 152; Henderson 12; ähnlich Kornemann, colonia nr. 83; García y Bellido a. O.; J. C. Mann, City Names in the Western Empire, Latomus 22, 1963, 777 ff.; anders Vittinghoff, Kolonisation 74 Anm. 4.
[23] EE. VIII 522 nr. 306; Plin. 3, 11 *Hispal colonia cognomine Romulensis;* zu Isidor vgl. Anm. 18; *Colonia Romula* erscheint auf Münzen Vives IV 123 f. und CIL II 1178, 1188, 1194; AE. 1915, 7; *Colonia Hispalensium* in II 1193. Ein weiterer Grund für das Mißverständnis war, daß sich die Flußschiffergilde von Hispalis bald *scapharii Hispalenses* (1180), bald *scapharii, qui Romulae negotiantur* nennt (1168/69), vgl. Vittinghoff, Kolonisation 74 Anm. 4.
[24] Vgl. Fr. Vittinghoff, Hauptprobleme der Urbanisierung römischer Provinzen, Acta 5th Intern. Congress of Greek and Latin Epigraphy, Cambridge 1967 (London 1971) 407 ff.
[25] Weder ἀποικία noch ἐποικεῖν sind auf die staatsrechtliche Bedeutung von *colonia* festgelegt, vgl. unten 32 Anm. 16. Strabo ist wohl zu übersetzen: „ . . . an Ansehen und weil dort neuerdings Veteranen des Kaisers angesiedelt wurden, hat Baetis jetzt den Vorrang, obwohl es keine große Bevölkerungszahl hat" (συνοικουμένη muß nach den bei Liddell-Scott s. v. angeführten Beispielen so zu verstehen sein). Die Ansiedlung der Veteranen braucht nicht in Form einer Kolonie, sondern kann auch durch Viritanassignation erfolgt sein (wie etwa in Emporiae, vgl. unten 26 Anm. 99). Auch logisch bietet der Text einige Schwierigkeiten: wenn Hispalis als Handelsplatz seine Bedeutung bewahrt haben soll, Baetis aber neben der kürzlichen Ansiedlung eine besondere τιμή gehabt hat, so kann diese wohl nur auf Leistungen für die Römer bzw. für den Sieger im Bürgerkrieg beruht haben. Davon wissen wir aber nichts, obwohl wir sonst über die Kriege der Römer in Spanien bis auf den des Augustus herab nicht schlecht unterrichtet sind. Auch daß Baetis sonst überhaupt keine Erwähnung in Inschriften oder Schriftstellern gefunden haben soll, mutet merkwürdig an. Die ganze Stelle bei Strabo jedoch für interpoliert zu erklären, wie das Hübner CIL II p. 152 vorschlägt, erscheint zu gewaltsam. Man wird also vorläufig annehmen müssen, daß der Name Baetis eine Verschreibung darstellt und eine der vielen Gemeinden im Hinterland von Hispalis gemeint ist.
[26] Vgl. unten, gegen Henderson 13 und Lasserre a. O.
[27] Municipium und Kolonie nebeneinander sind uns sonst nur in Interamnia Praetuttiorum bekannt (IX 5074/75). Bei dem dakischen Lager der legio XIII Gemina in Apulum haben anscheinend nacheinander der einheimische *vicus* und die *canabae* der Legion das Municipalrecht und möglicherweise beide später auch den Kolonie-Titel bekommen (vgl. F. Vittinghoff, Die Bedeutung der Legionslager für die Entstehung römischer Städte an der Donau und in Dakien, Festschrift H. Jankuhn, Neumünster 1968, 137 ff.). Doch lassen sich natürlich die Verhältnisse des Dakien im 2. und 3. Jh. nicht ohne weiteres auf Spanien in caesarisch-augusteischer Zeit übertragen.

3*

Plinius nennt als „gegenüber von Hispalis gelegen" die Stadt O s s e t *quod cognominatur Iulia Constantia*[28]. Dieser Ort wird von Hübner in Salteras nordwestlich von Italica lokalisiert, doch scheint mir diese Gleichsetzung nicht mit dem *ex adverso* des Plinius in Einklang zu stehen[29]. Auch ist es bei der bekannten Dichte der städtischen Siedlungen im Tal des Guadalquivir um Sevilla nicht unbedenklich, die in San Juan de Aznalfarache gefundene Inschrift einer privilegierten Stadt[30] mit dem etwa 15 km entfernten Salteras zusammenzunehmen. Da aber San Juan de Aznalfarache 5 km flußabwärts von Sevilla liegt, kann auch diese Gemeinde nicht mit Osset identifiziert werden. Die Reihenfolge nämlich, in der Plinius in Kapitel 3, 11 die Städte des Konvents Hispalis nennt, beginnt bei der nördlichen Konventsgrenze und folgt dann der Straße nördlich des Guadalquivir (Celti, Axati, Arva, Canama, Naeva, Ilipa, Italica; vgl. Kieperts Karte der Baetica in CIL II). Von Italica kommend wird zunächst Hispalis und „ihm gegenüber", was bei einer Flußstadt ja wohl nur „auf der anderen Seite des Flusses" heißen kann, Osset genannt. Dieses muß also zwischen Italica und dem Guadalquivirübergang gelegen haben, denn die weitere Folge der plinianischen Städte führte dann mit Lucurgentum und Orippo in das rechtsbaetische Binnenland. Die eben beschriebene Lage trifft am besten zu auf das oben genannte Triana, das wohl schon in römischer Zeit mit Sevilla durch eine Brücke verbunden war. Daß dessen Name auf ein antikes „Traiana" zurückgehe, ist nur etymologische Konstruktion: antike Belege dafür gibt es nicht[31]. Einer Lokalisierung von Osset in Triana stünde also nichts im Wege.

Zu A s i d o (Medina Sidonia) hat bereits Vittinghoff das Wesentliche erkannt[32]. Es war noch im Jahre 2 n. Municipium[33], erhielt aber wohl noch unter Augustus Kolonierecht[34]. Ob der Wechsel in der Obermagistratur von IIIIviri zu IIviri mit der Errichtung der Kolonie zusammenhing, können wir nicht entscheiden[35].

U g u l t u n i a I u l i a C o n t r i b u t a und C u r i g a im äußersten Norden der Provinz Baetica lagen an der Straße von Emerita nach Hispalis. Curiga ist nach den Meilenangaben des Itinerars[36] und wegen einer dort gefundenen Inschrift[37] etwa in Monasterio anzusetzen, Ugultunia eher in Medina de las Torres als in Fuente de Cantos, wo die Kiepertsche Karte des CIL II es lokalisiert[38]. Der Beiname von Ugultunia ist nach

[28] Plin. 3, 11 *a laeva Hispal colonia . . . , ex adverso oppidum Osset quod cognominatur Iulia Constantia*. Nach seinem Beinamen zu urteilen, wurde Osset zu privilegiertem Status erhoben, denn von den Städten mit substantivischen Beinamen (Felicitas Iulia Olisipo, Virtus Iulia Itucci u. ä.) sind alle, von denen wir den Rang nachprüfen können, *municipia* oder *coloniae* gewesen. Vittinghoff, Kolonisation 74 Anm. 6 verlegt versehentlich Ossets Erhebung zum Municipium in flavische Zeit.

[29] Die Lokalisierung erfolgte aufgrund von II 1254, einer Weihung der *res publica Osset* für Septimius Severus. Da die Inschrift in Salteras jedoch in Zweitverwendung, in einem Turm verbaut, gefunden wurde, ist daraus nicht zwingend zu schließen, daß Osset dort gelegen haben muß. Schulten RE. 18, 1942, 1598 führt als Möglichkeiten der Lokalisation Salteras und S. Juan de Aznalfarache an.

[30] II 1256 L CAESIO L F POLLIONI / AED IIVIR CENSU ET / DUOMVIRATU BENE / ET E R P ACTO MUNICIP, vgl. Hübner CIL II p. 166 und unten 57 Anm. 71.

[31] Die blauen Führer: Spanien, Paris 1961, 581, vgl. A. García y Bellido, Colonia Aelia Augusta Italica, Madrid 1960, 12.

[32] Vittinghoff, Kolonisation 104 Anm. 8.

[33] II 1305; die genannten Caesares sind mit größter Wahrscheinlichkeit C. u. L. Caesar. Es kann also weder Kolonie schon vor 27 v. gewesen sein (so Thouvenot 190) noch latinische Kolonie Caesars, bevor es unter Augustus Bürgerkolonie wurde (so Henderson 12 f.), immer vorausgesetzt, daß das *M C* in der genannten Inschrift 1305 als *M(unicipium) C(aesarinum)* aufzulösen ist, woran jedoch kaum Zweifel sein kann (vgl. Hübner CIL II p. 175).

[34] II 5407 aus der Umgebung von Medina Sidonia, von Hübner nach dem Schrifttypus in das 2. Jh. datiert, bietet D D / C G A A, was mit großer Wahrscheinlichkeit als *Colonia Caesarina Augusta Asido* aufzulösen ist.

[35] II 1315, wo *municipes Caesarini* erwähnt werden, nennt IIIIviri; *municeps* kann jedoch auch für den Bürger einer Kolonie verwendet werden (XII 701 in Arelate, VIII 1641 in Sicca Veneria und ib. 2392 in Thamugadi, vgl. auch Gellius 16, 13, 2), so daß dieser Beweis nicht ganz überzeugend ist. II 1314, das ebenfalls nicht allzuspät zu datieren sein dürfte (M. Acilius nennt sich PRAEF COHOR ohne nähere Angabe über die Einheit, was schon im späteren 1. Jh. nicht mehr üblich war), erwähnt einen IIvir; vgl. auch Degrassi, Quattuorviri 302.

[36] It. Ant. 432, 5.

[37] II 1040, eine Weihung der *res publica Curigensium* aus dem Jahr 196 n.

[38] Nach It. Ant. 432 betrug die Entfernung zwischen beiden Orten 24 Meilen; das nur 10 Meilen nördlich gelegene Fuente

neueren Forschungen[39] so zu verstehen, daß die Stadt früher einer anderen Gemeinde kontribuiert war und diese Bezeichnung *contributa* auch dann beibehielt, als sie selbständig wurde. Das wird bestätigt durch Plinius, von dem wir auch erfahren, daß Curiga an Ugultunia angeschlossen war[40]. Möglicherweise bezieht sich auf diesen „Anschluß" eine Inschrift aus Curiga[41], nach der es scheint, daß Curiga bei der Errichtung von Ugultunia als selbständiger Gemeinde diesem zugewiesen wurde und seine Einwohner zu vollem Recht in dessen Bürgerverband aufgenommen wurden. Zu einem späteren Zeitpunkt, aber vor 196 n., wurde Curiga dann selbständig[42].

Nabrissa, das bei Plinius mit dem Beinamen Veneria erscheint[43], wurde von Grant[44] aufgrund einer Münze mit der Legende CVIN[45] für eine latinische Kolonie gehalten. Da diese Münze jedoch auch nach Carthago Nova gehören kann[46] und latinische Kolonien caesarisch-augusteischer Zeit in Spanien noch nicht überzeugend nachgewiesen sind, dürfte diese Annahme wenig wahrscheinlich sein[47].

Die Hafenstadt Onoba, wohl in oder bei Huelva zu suchen[48], ist durch eine neue Inschrift als Kolonie belegt[49], doch läßt sich nicht absehen, wann sie zu diesem Titel kam.

---

de Cantos ist also zu nahe. Dort wurde zwar 1030, der Grabstein eines Mannes aus Contributa, gefunden, doch spricht die Formulierung *patria Contributense* nicht unbedingt dafür, daß die Stadt selbst dort lag. Aus Medina de las Torres stammen 1029, der Grabstein eines IIvir von Contributa, und 1025, M C I / A ASELLIUS / THREPTUS / ROMULENSIS / D D, bei der Hübner seine erste, evidente Auflösung M(unicipio) C(ontributae) I(uliae) in der Adnotatio zu der Inschrift zurückzog und zu M(ithrae) C(auto) P(ati) verbesserte. Doch ist seine erste Lösung unbedingt beizubehalten (eine Parallele für die Abkürzung des Stadtnamens am Beginn der Inschrift bietet 492 aus Emerita, also ganz aus der Nähe: C(oloniae) A(ugustae) E(meritae) / F SELEUCUS ET AN[th]US).

[39] Laffi 122 ff., gegen Thouvenot 201, Albertini 113 Anm. 5 und Hübner, RE. 4, 1901, 1836, die den Namen als Hinweis auf eine Vereinigung verschiedener vici zu der Stadt Contributa ansahen. Der Ort wird übrigens immer nur Contributa genannt (Ravennas 4, 44; Ptol. 2, 4, 10; CIL II 1029/30), der Name Ugultunia ist nur aus Plinius bekannt (die nach 1028 aus Llerena stammende Inschrift mit M F U gehört nach der Verbesserung 5543 zu dem municipium Iulium U . . ., vgl. unten S. 23).

[40] Plin. 3, 14 *Contributa Iulia Ugultuniae, cum qua et Curiga nunc est* in der Mayhoffschen Verbesserung, die sehr plausibel scheint. Die handschriftliche Tradition ist verworren. Detlefsens Text . . . *Contributa Iulia, Ugultuniacum quae et Curiga nunc est* gibt keinen Sinn. Die Umstellung von Eigen- und Beiname gegenüber den anderen in dem Abschnitt bei Plinius genannten Städten ist hier notwendig, da ein Relativsatz von dem Eigennamen der Stadt abhängt.

[41] II 1041: IULI . . . . / MUTATIONE / OPPIDI MUNI / CIPES ET INCO / LAE PAGI TRAN[s] / LUCANI ET PAGI / SUBURBANI. *mutatio oppidi* kann nach dem Sprachgebrauch, soweit ich sehe, nicht eine Veränderung des Rechtsstatus des oppidum bedeuten, da *mutatio* immer der Veränderung des durch den folgenden Genetiv angegebenen Objekts anzeigt und *oppidum* ohne nähere Angabe nicht „Rechtsstellung" heißen kann. Wenn sich die Inschrift überhaupt auf Curiga bezieht, wurde der Ort einem anderen Hauptort unterstellt (so schon Mommsen in der adn. zu 1041). Die These von Schönbauer, Municipia und Coloniae 20 f., das oppidum habe Municipalrecht bekommen, ist also nicht zu halten.

[42] Vgl. oben Anm. 37.

[43] Plin. 3, 11 *inter aestuaria Baetis oppida Nabrissa cognomine Veneria et Colobana*, vgl. Strabo 3, 1, 9. Colobana ist wohl mit dem *ex Baetica municipio Conobaria* von AE. 1955, 42 und dem *Conobasa* von II 1294 zu identifizieren. Nabrissa wird gewöhnlich in Lebrija gesucht (Hübner CIL II p. 174), wohl aufgrund der Lautähnlichkeit; da jedoch von dort die Weihung des populus von Conobasa 1294 stammt, muß diese Lokalisierung ungewiß bleiben.

[44] Grant FITA 217; 473 Anm. 7.

[45] Bei A. Heiss, Description générale des monnaies antiques de l'Espagne, Paris 1870, 405.

[46] CVIN als Legende in Carthago Nova Vives IV 28 nr. 1.

[47] CVIN müßte wohl als C(olonia) V(eneria) I(ulia) N(abrissa) aufgelöst werden in Analogie zu *Veneria Iulia Restituta Aleria* und *Iulia Veneria Cirta Nova Sicca* (vgl. B. Galsterer-Kröll, nr. 306 und nr. 48). Zu Hendersons Theorie, die spanischen Bürgermunicipien augusteischer Zeit seien vorher latinische Kolonien Caesars gewesen, vgl. Vittinghoff, Kolonisation 76 Anm. 8. und oben 18 Anm. 14.

[48] Plinius 3, 7 bietet in den Ausgaben von Detlefsen und Mayhoff *Ossonoba, Aestuaria cognominatum*. Bei dieser Lesart liegt jedoch sicher eine Verwechslung mit dem lusitanischen Ossonoba (Faro, etwa 100 km westlich; Plin. 4, 116) vor. R² liest *Onubia*, und diese Lesart wird durch Ptol. 2, 4, 4 Ὄνοβα Αἰστυάρια bestätigt. Da sowohl Ptolemaeus als auch Plinius eine Lage am Meer bezeugen, scheint eine Lokalisierung weiter landeinwärts unmöglich; vgl. auch T. A. Rickard, The Mining of the Romans in Spain, JRS. 18, 1928, 129 ff. Schulten RE. 18, 1942, 529 vertritt eine Lokalisierung von Onoba in Gibraleon, das heute 14 km landeinwärts am Odiel liegt. Die antiken Küstenlinien dieser Region sind unbekannt. In Huelva selbst wäre nach Schulten RE. 17, 1937, 2397 das alte Olba anzusetzen, aus dessen Namen „Huelva" entstanden ist.

[49] AE. 1963, 109 (ein Kupferbarren aus Marseille): MP (Metallum Publicum?) NOMI (ne?) PRIMULI (et?) SILONIS CCXCVII (librorum) PRO (curator??) COL(oniae) ONOBENSIS (die Ergänzungen nach F. Benoît, Nouvelles épaves de Provence, Gallia 20, 1962, 156 f.). Die Ergänzung *colonia Onobensis* scheint sicher zu sein (so auch A. d'Ors in seinem Bericht auf dem 5. Intern. Epigraph. Kongress, vgl. oben 19 Anm. 24) und der Bezug auf Onoba wird durch die schon in der

Auf einer Patronatstafel aus augusteischer Zeit wird das Municipium Martium Ugia genannt[50], das wohl bei Cabezas de S. Juan zwischen Jerez und Sevilla zu lokalisieren ist[51]. Sonst ist der Ort fast unbekannt[52].

Für Hasta Regia (Mesa de Asta, nördlich von Jerez de la Frontera), eine wohl caesarische Kolonie[53], gibt es die rätselhafte Notiz des Strabo[54], daß dort „die Gaditaner meist zusammenkommen". Ob diese Worte einen staatsrechtlichen Inhalt haben, wie es der griechische Text nahelegen könnte[55], oder was Strabo sonst damit gemeint haben könnte, bleibt unklar.

Von Abdera (Adra) an der spanischen Südküste, das seine phönikische Tradition lange aufrechterhielt[56], ist uns nicht bekannt, ob es irgendwann privilegierten Status erhielt[57].

Das Municipium Iulium U[58]... in Azuaga ist uns nur durch eine Serie von Weihungen

Antike ausgebeuteten reichen Kupfervorkommen des Rio Tinto gesichert. Ob jedoch die Kolonie wirklich einen eigenen Prokurator gehabt hat — wozu es sonst keine Parallele gäbe (zu XIII 2924, wo vielleicht ein Prokurator gallischer Gemeinden genannt ist, vgl. Mommsen und Hirschfeld ad locum) —, scheint mehr als fraglich. Die Lesung *pro col(onia)* wird jedoch durch *Onobensis* ausgeschlossen. — Die Münzen bei Vives III 72 ff., auf denen jeweils 2 Beamte ohne Titel genannt werden, geben keinen Aufschluß über den damaligen Status von Onoba. Wenn sich bei nr. 4 mit der Legende P. TERENT ET COLP hinter dem *Colp* ein einheimischer Beamtentitel verbirgt, wie das Grant FITA 473 erwägt, wäre das ein Argument dafür, daß die Stadt damals noch peregrin war. Das scheint jedoch durch das verbindende *et* ausgeschlossen. Eher wird man einen C. Olp(ius) dahinter vermuten, obwohl ein solcher Name sonst, soweit ich sehe, in Spanien nicht belegt ist.

[50] AE. 1952, 49 DECURIONES ET MUNICIPES MAR / TIENSES QUI ANTEA UGIENSES / FUERUNT. Die Erhebung zum Municipium müßte nach dieser Ausdrucksweise erst relativ kurz vorher geschehen sein. Die Datierung der Inschrift wird durch den erhaltenen Namen eines Consuls, L. Arruntius, bestimmt. Zur Auswahl stehen die *consules ordinarii* dieses Namens von 22 v. und 6 n., denn L. Arruntius Camillus Scribonianus, cos. 32 n., wird in den Inschriften durchgehend *Camillus Arruntius* genannt (CIL I² p. 71, X 899 und 4847; auch Sueton, Otho 2, 1). A. d'Ors, Emerita 16, 1948, 49 glaubt, am abgebrochenen linken Oberrand der Bronzetafel noch Spuren erkennen zu können, die nur zu „M. Lepido", dem Namen des anderen Consuls von 6 n., ergänzt werden könnten. Auf dem beigegebenen Photo ist allerdings davon nichts zu erkennen.

[51] In unseren Quellen wird sorgfältig zwischen Ugia (It. Ant. 410, 1; Ptol. 2, 4, 10; Ούγία) und Ucia (Plin. 3, 10; It. Ant. 403, 7; Ptol. a. O. Ούκία), östlich von Corduba am Guadalquivir, unterschieden. Ersteres lag im Konvent Hispalis, letzteres in dem von Corduba. In Cabezas de S. Juan wurden die Inschriften 1301 und 1302 gefunden, die jedoch für eine dort anzusetzende Stadt überhaupt nichts aussagen.

[52] Der Ort wird noch AE. 1928, 180 als Heimat eines Soldaten der 10. Legion genannt, doch stammt die Inschrift aus der Gegend von Zamora, also wohl aus der Nähe des Standorts seines Truppenteils, der bisher noch nicht sicher festgestellt werden konnte (vgl. Ritterling RE. 12, 1929, 1679).

[53] Vittinghoff, Kolonisation 74; Nostrand 1916, 99; gegen Thouvenot 190, der es für eine augusteische Gründung vor 27 v. hält. Wenn der Beiname „Regia", wie wahrscheinlich, römisch ist, dann wird er sich nicht darauf beziehen, daß die Stadt früher einmal Sitz einheimischer Könige war (so C. Pemán, Los toponimos antiguos del Extremo Sur de España, ArchEspArq. 26, 1953, 106), sondern, wie so viele andere Cognomina der Baetica, auch in den persönlichen und ideologischen Umkreis Caesars gehören. Hier bestünde nun die Möglichkeit, das „Regia" auf die Familie der Marcii Reges zu beziehen. Da die latinische Gemeinde Carisa Aurelia (Plin. 3, 15) ihren Beinamen sicher im Andenken an die Mutter Caesars aus dem Geschlecht der Aurelii Cottae bekam, darf man wohl annehmen, daß Caesar eine Stadt auch nach seiner Großmutter, einer Marcia Rex (Sueton Caes. 6, 1), benennen konnte.

[54] Strabo 3, 2, 2 ή Άστα, είς ήν οί Γαδιτανοί συνίασι μάλιστα.

[55] Das Wort ist natürlich das griechische Äquivalent für *convenire*, aber Gades war selbst Konventssitz. Bei einer solchen staatsrechtlichen Interpretation stört auch das „meistens". Ein rein gesellschaftliches Zusammenkommen in dem Sinn, daß Hasta ein beliebtes „Ausflugsziel" der Gaditaner war, wäre jedoch bei Strabo in diesem Zusammenhang kaum verständlich. In den Übersetzungen bei Lasserre a. O. und in der Loeb-Ausgabe (H. L. Jones, 1923) wird ein staatsrechtlicher Sinn unterstellt.

[56] Es münzte bis in augusteische Zeit mit phönikischer Schrift (Vives III 12 f.); erst unter Tiberius erscheinen römisch beschriftete Münzen (Vives IV 37).

[57] Ruggiero, DE I 12; Nostrand 111 ff. und Thouvenot 199 stützen sich bei ihrer Annahme, Abdera habe römisches oder latinisches Recht erhalten, allein auf II 1979, wo ein IIvir vorkommen soll. Von den beiden Abschriften der verlorenen Inschrift bietet nur die bessere Bayérs in der 2. Zeile...] FABRUM II [..., doch auch bei Kirkpatrick läßt sich die Iteration erkennen. Hübner ergänzte zu II[vir]. Der erkennbare cursus honorum des Mannes nennt jedoch zuerst ein municipales Priesteramt (wohl [flamen di]VI AUG; Provinzialflamines nennen sich in Spanien meist *flamen Romae, divorum et Augustorum*, vgl. J. Deininger, Die Provinziallandtage der römischen Kaiserzeit von Augustus bis zum Ende des 3. Jhs. n. Chr., Vestigia VI, München 1965, 123), dann die praefectura fabrum und danach die von Hübner zu IIvir ergänzten 2 Hasten. In den spanischen municipalen cursus wird das Amt des praefectus fabrum jedoch immer erst nach der abgeschlossenen städtischen Laufbahn genannt, (vgl. II 49, 2222, 4238, 4264 u. ö.), während es hier zwischen städtisches Priesteramt und Magistratur eingeschoben wäre. Da weiterhin iterierte praefecturae fabrum durchaus vorkommen (II 4188, 4251 u. ö.), ist die Wahrscheinlichkeit, daß wir es hier mit einem IIvir von Abdera zu tun haben, sehr gering.

[58] D(ecreto) D(ecurionum) M(unicipium) I(ulium) U . . . P(ecunia) P(ublica) F(aciendum) D(ecrevit) in II 5544 für *divus Nerva* und in 5549 für *Matidia*. Bei 5543, D D M F U P P F D (für Traian 115 n.) wird M F U eher eine Verlesung

traianischer Zeit mit MIU bekannt. Für eine Identifikation etwa mit Arsa oder Ugia fehlen alle Anhaltspunkte[59].

II Lusitania

Emerita Augusta (Mérida), die 26 oder 25 v. gegründete Hauptstadt der Provinz Lusitania[60], wurde ungewöhnlich reich mit Land ausgestattet: selbst nach dreimaliger Assignation stand immer noch nicht verteilter Grund zur Verfügung[61]. Wenn die beiden uns erhaltenen Grenzsteine des Bezirks von Emerita nicht verschleppt sind, hat sich dieser jeweils 120 km nach Osten und nach Süden erstreckt, also über ein Gebiet von über 20 000 qkm[62]. Man muß jedoch in jedem Fall mit größeren Enklaven rechnen, so z. B. dem Koloniegebiet von Metellinum[63] und dem Territorium von Ugultunia Contributa Julia[64]. Das Gebiet war aber auch so noch groß genug, daß es durch eine ganze Reihe von Praefekten verwaltet werden mußte[65]. Es ist höchst bedauerlich, daß sich epigraphisch kaum Spuren dieser Verwaltungsorganisation feststellen lassen[66].

Aus der Kolonie Norba Caesarina (Cáceres) und seiner weiteren Umgebung stammt der weit überwiegende Teil der Inschriften, auf denen in Spanien Norbani genannt werden[67]. Wenn man bei vereinzeltem Auftreten noch glauben könnte, daß es sich um Nachkommen freigelassener städtischer Sklaven handelte[68], so ist das bei der großen Zahl nicht möglich, und man muß annehmen, daß ein römischer Statthalter namens Norbanus in dieser Gegend — wohl bei Gründung der Stadt — Bürgerrecht vergab und die Neubürger seinen Namen annahmen[69]. Das dürfte am besten für C. Nor-

für MIU, sein als daß man annimmt, die Stadt Iulium U . . . habe in der flavischen Zeit den Beinamen Flavium bekommen (so McElderry 70, der meint, als municipium Iulium müsse es bei Plinius erscheinen. Doch bietet dieser bekanntlich keine vollständige Liste aller iulischen Städte. — F D wäre am einleuchtendsten zu F(aciendum) D(ecrevit) aufzulösen, doch gibt es nach den Indices litterarum singularium(= XV) von CIL II, III, VIII und XIII dafür nirgendwo Parallelen. In Afrika steht F D öfters für F(ecit) D(edicavitque), doch handelt es sich hierbei ausschließlich um private Weihungen (VIII 165, 3779, 9025 u. ö.). — Traian wird in 5543, 5545/46, 5548 bereits Parthicus genannt, die Inschriften müssen also aus den letzten Jahren Traians stammen (normalerweise wird er Parthicus erst seit 116 genannt (Cagnat 193), doch erscheint 5545 Marciana, die 114 starb, offensichtlich noch als Lebende).

[59] Von A. d'Ors, Emerita 16, 1948, 51 sehr zögernd mit dem Municipium Martium Ugia, vgl. oben S. 22; von Hübner CIL II p. 323 als Möglichkeit mit Arsa.

[60] Dio 53, 26, 1 gibt nicht exakt an, ob die Gründung 26 oder 25 v. erfolgte.

[61] Frontin, controv. agr. II p. 51 L. Eine solche Nachdeduktion scheint auch unter Otho erfolgt zu sein (Tac. hist. 1, 78, 1 *Emeritensibus familiarum adiectiones . . . dedit*).

[62] HAE 1483 aus Montemolin, halbwegs zwischen Mérida und Sevilla: TERMINUS AUG PRA(torum) COL AUG EMERITAE; II 656 aus Valdecaballeros am oberen Guadiana, aus der Zeit Domitians: AUGUSTALIS TERMINUS C C C IUL UCUBITANOR INTER AUG EMER. Die Interpretation des 2. Steines brachte gewisse Schwierigkeiten mit sich, weil er nach der normalen Terminologie der Grenzsteine eine gemeinsame Grenze zwischen Emerita und Ucubi voraussetzen würde. Das scheint aber ausgeschlossen, da zwischen Espejo südlich des Guadalquivir, wo Ucubi anzusetzen ist, und Montemolin (Entfernung etwa 180 km Luftlinie) u. a. das Gebiet der Kolonie Corduba und des Municipiums Mirobriga (Capilla bei Almadén, Plin. 3, 14 und II 2365) liegen. Schon Mommsen schlug deshalb in den Monatsberichten der Preuss. Akad. d. Wissensch. 1861, 540 Anm. vor, INTER als IN TER(ritorio) aufzulösen. Es würde sich hier also um eine Exklave Ucubis im Gebiete von Emerita handeln; so auch García y Bellido, Las colonias romanas de la provincia Lusitania, Arqueología e Historia 8, 1958, 15. Über die Größe des Territoriums der 181 v. Chr. gegründeten latinischen Kolonie Aquileia (500 km² assignierter Boden) vgl. A. Degrassi, Il confine nord-orientale dell' Italia Romana, Bern 1954, 18 ff.

[63] Zwischen Mérida und Valdecaballeros.

[64] Zwischen Mérida und Montemolin.

[65] Hygin, limit. const. 171 L. *in Emeritensium finibus aliquae sunt praefecturae . . . sed in praefecturis Mullicensis et Turgaliensis regionis.* Turgalium (Trujillo) wird gegen Schulten RE. 7 A, 1948, 1383 nicht als Praefektur bezeichnet.

[66] Zu einem möglichen Beamten dieser Praefekturen vgl. unten bei Norba.

[67] Vgl. den Katalog bei García y Bellido, BolAcadHist. 159, 1966, 287 f. Anm. 21 und die Verbreitungskarte ebenda S. 292. Dazu kommen noch C. Callejo Serrano, Aportaciones de la epigrafía Romana del campo Norbense, BolAcadHist. 157, 1965, 11 ff. nr. 3, 6, 8; ders., Cédulas epigráficas del campo Norbense, Zephyrus 18, 1967, 85 ff. nr. 20, 24(?); ders., La Arqueologia de Norba Cesarina, ArchEspArq. 41, 1968, 121 ff., nr. 7. Nicht zugänglich war mir vom selben Autor: Razones históricas del bimilenario de Cáceres, „Alcántara", 2⁰ sem. 1967.

[68] So wie M. Amiternius von IX 4231 ein Freigelassener von Amiternum und C. Campanius von X 3940 ein Freigelassener der Kolonie Capua waren.

[69] In Spanien war — im Gegensatz etwa zu den Balkanprovinzen — auch in der Kaiserzeit die Sitte wenig verbreitet, daß Neubürger das Gentilnomen des Kaisers annahmen, vgl. z. B. den unter Claudius viritim mit dem Bürgerrecht be-

banus Flaccus, den Konsul von 38 v. zutreffen, der 36—34 beide spanische Provinzen verwaltete und im Jahre 34 v. *ex Hispania* triumphierte[70], denn wir wissen nichts von einer Tätigkeit eines anderen Norbanus in Spanien. Man wird dann vermuten, daß der Ortsname Norba auf die Heimat seines Gründers, Norba Volscorum[71], anspielt. Gegen die Annahme, Norba sei eine caesarische Kolonie gewesen[72], sprechen der Stadtname und die vielen Norbani, da unter Caesar kein Norbanus irgendwie hervorgetreten war[73]. Die Vermutung, die Stadt sei schon früher als Municipium gegründet worden und habe durch Norbanus eine Rangerhöhung erfahren, findet in den Quellen keinen Anhalt.

Als zu Norba gehörig wird auch die Inschrift behandelt, in der ein Q. Allius Quadratus, quaestor und VIIIvir, genannt wird[74]. Die Lesung VIIIvir ist sicher[75]. Es handelt sich um ein für Spanien völlig singuläres Amt[76]. Der Bezug auf Norba ist aber keineswegs eindeutig, denn der Fundort Albuquerque liegt gleich weit von Norba wie von Emerita entfernt. In Emerita könnte dieser für Spanien einmalige Beamtentitel jedoch möglicherweise Sinn haben: VIIIviri begegnen in Italien nämlich durchgehend in früheren römischen Praefekturen[77]. So sei wenigstens die Hypothese erlaubt, daß Emerita bei der Verwaltung seines Gebietes auf diese alte Einrichtung zurückgegriffen hat. — Nach Norba waren laut Plinius Castra Servilia und Castra Caecilia contribuiert[78]. Castra Servilia ist uns völlig unbekannt; Castra Caecilia, das noch sehr spät in Itineraren genannt wird[79] und in Cáceres el Viejo 2^1/$_2$ km nördlich Cáceres lokalisiert ist, bietet nach den Ausgrabungen Schultens[80] nur republikanisches Material. Die Siedlung müßte dann später verlegt worden sein und der kaiserliche Ort wäre bisher noch nicht gefunden.

III Tarraconensis

Celsa beim heutigen Velilla del Ebro[81], die einzige Koloniegründung des Lepidus in Spanien, wurde durch das nahe gelegene Caesaraugusta bald in den Schatten ge-

---

dachten P. Cornelius Macer, unten 46 Anm. 69. Zur Frage der Namenwahl von Neubürgern äußerte sich zuletzt A. Mócsy, Das Namensverbot des Kaisers Claudius (Suet. Claud. 25, 3), Klio 52, 1970, 287 ff.

[70] Vgl. Groag, RE. 17, 1936, 1270; so auch García y Bellido a. O. 291 und Callejo Serrano 1968 a. O. 121. Der erste Beleg für die neugegründete Kolonie ist wohl AE. 1962, 71: CORNELIO / BALBO IMP / NORB CAESA / PATRONO. Die Inschrift ist datiert zwischen der imperatorische Akklamation, die Balbus für seinen Sieg in Africa 19 v. erhielt, und seinen Tod 13 v. Balbus wurde Patron der Stadt wahrscheinlich aufgrund der Tatsache, daß seine Tochter den Sohn des Koloniegründers geheiratet hatte (vgl. García y Bellido 1966 a. O.). Soweit auf der Abbildung bei Callejo Serrano 1968 a. O. 136 der sehr schlecht erhaltenen Inschrift zu erkennen ist, scheint der Stein rechts abgearbeitet zu sein. In Z. 1+3 sind Spuren weiterer Buchstaben erkennbar, vielleicht auch am Anfang der Z. 1. Eine Ergänzung: [1] CORNELIO [1. f.] / BALBO IMP / NORB CAESA [rini] / PATRONO, die die unschöne Abkürzung CAESA für *Caesarini* vermeidet und bei der das PATRONO der Z. 4 in die Mitte des Textes gerückt wäre, erscheint möglich.

[71] Zur Herkunft der Norbani vgl. Münzer, RE. 17, 1936, 926.

[72] So Vittinghoff, Kolonisation 77; Henderson 12; García y Bellido, Del carácter militar activo de las colonias de la Lusitania y regiones inmediatas, Trabalhos de Antropologia e Etnologia 17, 1959, 299; Salmon 135. García y Bellido 1968 a. O. 285 vermutet eine caesarische Planung, die dann erst um 35 v. ausgeführt worden sei.

[73] Vgl. Münzer, RE. 17, 1936, 926 f.

[74] II 724 = EE IX 49 nr. 119. Die Inschrift war vermauert in einer Kirche bei Albuquerque und ist heute im Museum von Badajoz.

[75] Der Direktor der Museen von Mérida und Badajoz, D. José Alvarez y Sáenz de Buruaga, hatte die Freundlichkeit, mir eine Photographie der Inschrift zu senden.

[76] Degrassi, Quattuorviri 303 schlägt deshalb auch vor, hier „senz' altro" *quattuorvir aedilicia potestate* zu verstehen.

[77] Amiternum, Nursia, Trebula Mutuesca, Interamnia Praetuttiorum u. a., vgl. Manni 141 ff. Außerhalb Italiens ist sonst nur der *VIIIvir in pagis duobus, magister p(agi)* bei den Ambarri in Gallien (XIII 2507) bekannt.

[78] Plin. 4, 117 *coloniae . . . Norbensis Caesarina cognomine; contributa sunt in eam Castra Servilia, Castra Caecilia*; vgl. zu dem Kontributionsverhältnis Laffi 133 f.

[79] It. Ant. 433, 4; Ravennas 4, 45 nur als *Castris*.

[80] A. Schulten, AA. 1928, 1 ff.; 1930, 38 ff.; 1932, 334 ff.; zuletzt Atlantis 1936/40, 181 ff. (mir nicht zugänglich). Nach Callejo Serrano (vgl. García y Bellido 1966 a. O. 290 Anm. 32) reichen die bei den Grabungen gefundenen Münzen bis in die Zeit des Theodosius. Schultens Befunde scheinen also revisionsbedürftig zu sein.

[81] Nach J. Galiay Sarañana, La dominación Romana en Aragón, Zaragoza 1946, 75 hat sich der Name der Stadt zwar im heutigen Gelsa erhalten, doch liegen die Ruinen etwa 5 Kilometer südlich bei Velilla.

stellt[82], wie die wenigen erhaltenen Inschriften zeigen. Es führte zunächst die Beinamen „Victrix Iulia Lepida"[83], strich jedoch später das „Lepida" aus seiner Titulatur. Das dürfte sehr bald nach des Lepidus Sturz im Jahr 36 v. erfolgt sein. Da wir auf den uns erhaltenen Münzen von Celsa 4 Kollegien von IIviri der colonia Victrix Iulia Lepida haben (dazu noch 2 Kollegien von Aedilen) gegenüber nur 6 Paaren von IIvirn (und 2 Paaren von Aedilen) aus der gesamten folgenden Zeit bis in die Regierung des Tiberius[84], ist es wohl wahrscheinlicher, daß auch die Beamten der ersten Serie über einen größeren Zeitraum verteilt werden müssen, daß mithin der Zeitpunkt der Koloniegründung eher in den ersten Prokonsulat des Lepidus zu verlegen ist und „Victrix" sich dann auf die Siege von Pharsalus oder Ilerda beziehen müßte[85]. Eine Eigenart der ersten Münzserie, also der der colonia Lepida, ist es, daß die Oberbeamten immer als PR II VIR bzw. PR QUIN auftreten, während dieser Titel bei der colonia Celsa nie erscheint. Man neigt neuerdings dazu, PR zu PR(aefecti) aufzulösen[86], doch ist nicht recht einzusehen, warum es nur in der ersten Zeit der Kolonie und hier in ununterbrochener Folge praefecti gegeben haben soll, später aber nie mehr. Deshalb wäre zu überlegen, ob es sich bei den Oberbeamten nicht um PR(aetores) IIVIR(i) handelt, wie sie in den Kolonien der Narbonensis öfter begegnen[87]. Celsa hätte dann, als es den Beinamen „Lepida" aufgab, auch gleichzeitig den Titel seiner Oberbeamten „modernisiert".

Bilbilis (bei Calatayud) war ein Bürgermunicipium augusteischer Zeit[88] und verblieb auch, soweit wir sehen können, in diesem Status[89]. Ob man in dem Beinamen „Italica", den Bilbilis auf einigen Münzen führt[90], einen Hinweis auf italisches Recht[91] oder auf das römische Bürgerrecht[92] sehen darf, scheint sehr fraglich zu sein, da man einen derartigen Beinamen dann bei mehreren Städten erwarten müßte, die nachweisbar *ius Italicum* oder römisches Recht besaßen.

[82] Vgl. García y Bellido, Colonias 472f.

[83] Münzen Vives IV 102ff. und die Inschrift HAE 1416, ein Terminationscippus *inter Isp[allenses] | interque [agrum Lepi] danum et . . .* (zu den Ispallenses vgl. Plin. 3, 24). *Iulia* muß sich bei Celsa auf Caesar beziehen.

[84] Pr(aetores) IIviri der *colonia Victrix Iulia Lepida*: nr. 1, 3, 4, 5; aediles: nr. 6, 7. IIviri der *colonia Victrix Iulia*: nr. 9, 10, 13, 14, 20, 22; aediles: nr. 18, 21. Die Münze nr. 20 gibt keinen Titel für die Beamten Cn. Domitius und C. Pompeius. Da es sich jedoch um einen As handelt, die sonst in Celsa immer von IIviri geprägt wurden, wird man auch dieses Paar für Oberbeamte ansehen.

[85] So auch Nostrand, Reorganization 103; Hill, Coinage 127; Sutherland 128. Bei einer späteren Deduktion in der 2. Statthalterschaft des Lepidus 44—42 v., wie Beltrán, El río Ebro 71; Hübner RE. 3, 1899, 1880f.; Marchetti 798 und Vittinghoff, Kolonisation 80 vorschlagen, würde es sehr verwundern, daß man aus der ersten Zeit der Kolonie beinahe jedes Beamtenkollegium kennt, während die späteren weit weniger vollständig erhalten sind. Grants Darlegungen, FITA 211, entbehren jeder Überzeugungskraft. Unwahrscheinlich ist auch die Datierung von Maria del P. Pérez Martínez, Las monedas de Celsa en el Museo Arqueológico Nacional, Num. Hisp. 6, 1957, 107ff., die die Gründung in das Jahr 45 v. verlegt, als Lepidus gar nicht in Spanien war, und die Münzen Vives nr. 1—7 sämtlich in die Jahre 45—42 v. datiert (a. O. 114), was ein höchst merkwürdiger Zufall der Erhaltungsstatistik wäre.

[86] Hill, Coinage 79ff.; Grant FITA 211.

[87] In der caesarischen Veteranenkolonie Narbo: XII 4338, 4428/29, 4431; doch kann das dort ein Rest des Beamtenapparates der republikanischen Kolonie sein; in den latinischen Kolonien Carcaso (XII 5371), Aquae Sextiae (XII 4409) und Nemausus (XII 3215). Das römische Recht Celsas ist jedoch durch Plinius 3, 24 sicher bezeugt.

[88] Plin. 3, 24 *civium Romanorum Bilbilitani*. Münzen des Municipium Augusta Bilbilis von Augustus bis Gaius: Vives IV 54ff. nr. 11—20.

[89] Detlefsen 1873, 616 und Albertini 62 meinten, daß Plinius die Städte bei den einzelnen Konventen immer nach dem Schema: Kolonien römischen Rechts, Municipien römischer Bürger, Städte latinischen Rechts, peregrine civitates aufführe. Da in 3, 24 die Reihenfolge *civium Romanorum Bilbilitanos, Celsenses ex colonia, Calagurritanos . . .* sei und Celsa sicher eine Kolonie war, müsse auch Bilbilis eine solche gewesen sein. Doch geht schon daraus, daß Plinius Celsa ausdrücklich als *colonia* nennt und daß *civium Romanorum* sich bei ihm immer auf municipia c. R. bezieht, hervor, daß diese Ansicht unrichtig ist. Einen weiteren schwachen Beweis dafür, daß Bilbilis Municipium blieb, gibt Martial, der von seiner Heimatstadt sagt (10, 103, 1f.): *municipes, Augusta mihi quos Bilbilis . . . creat. Municeps* wird allerdings auch häufig für *colonus* verwendet (vgl. oben Anm. 35), so daß die Beweiskraft der Martialstelle nicht allzu groß ist. Zu Martials spanischen Gedichten vgl. A. Schulten, Neue Jbb. 31, 1913, 462ff.

[90] Vives a. O. nr. 1—4, möglicherweise noch vor der Verleihung des Municipalrechts, da die späteren Münzen mit MUN AUGUSTA BILBILIS geprägt wurden.

[91] So M. Dolç, Hispania y Marcial. Contribución al conocimiento de la España Antigua, Barcelona 1953, 124f.

[92] Grant FITA 225.

4 Galsterer

26

Ilici, das heutige Elche[93], mit vollem Titel Colonia Iulia Ilici Augusta, muß nach diesem Titel aus caesarisch-augusteischer Zeit stammen[94]. Die eindeutig nach Ilici gehörigen Münzen sind alle nach 27 v. datiert. Es ist höchst zweifelhaft, ob man aus der ungewöhnlichen Sperrung der Beinamen („Iulia" und „Augusta" durch den Eigennamen der Stadt getrennt), die auch sonst vorkommt[95], den Schluß ziehen darf, Ilici sei zuerst eine colonia Iulia gewesen und habe den Titel „Augusta" später aufgenommen. Dazu ist man aber gezwungen, wenn man — wie das Beltrán und García y Bellido tun — die Gründung in das Jahr 42 v. verlegen will[96]. Grant[97] kommt durch Zuweisung einiger bisher Carthago Nova zugeschriebener Münzen[98] nach Ilici zu dem Schluß, die Stadt sei 29/28 v. durch T. Statilius Taurus als Kolonie gegründet worden, habe aber bereits seit 48 v. latinisches Recht besessen. Beide Annahmen sind unbeweisbare Hypothesen.

Emporiae (Ampurias), die alte phokaeische Kolonie im äußersten Nordosten Spaniens, bekam von Caesar nach der Schlacht von Munda eine Veteranenansiedlung[99]. Die Stadt war schon vorher eine Doppelgemeinde gewesen: neben dem griechischen Emporion nämlich, durch eine Trennmauer geschieden und durch einen gemeinsamen Mauergürtel befestigt, lag das spanische Indica, die Gemeinde der Indicetani[100]. Einen Teil dieser Eingeborenenstadt nahm nun zunächst die römische Ansiedlung ein[101], doch wurden bald zunächst die Einwohner des oppidum Indica, dann auch die Griechen in das römische Bürgerrecht aufgenommen, worauf wohl unter Augustus die drei getrennten Siedlungen zu einem Municipium civium Romanorum zusammengeschlossen wurden[102]. Während uns inschriftlich nur wenige Beamte aus Emporiae überliefert sind[103], kennen wir eine ganze Reihe von Quinquennalenpaaren von Münzen[104]. — Neben

[93] A. García y Bellido, Las colonias Romanas de Valentia, Carthago Nova, Libisosa e Ilici, Homenaje al Profesor Cayetano de Mergelina, Murcia 1962, 372 weist darauf hin, daß die genaue Lokalisierung „La Alcudia" heißen müsse, doch ist dies nach CIL II p. 480 und Die blauen Führer, Spanien, Paris 1961, 684 nur der Name des Grundstückes, auf dem neben vielen Inschriften auch die sogenannte „Dame von Elche" gefunden wurde.
[94] Nach den Münzen Vives IV 39 ff.; die Legende C I IL A läßt kaum eine andere Auflösung zu, vgl. B. Galsterer-Kröll, nr. 187.
[95] Z. B. bei Apamea, vgl. B. V. Head, Historia Numorum, 1911², 510 und B. Galsterer-Kröll, nr. 459.
[96] A. Beltrán, Las antiguas monedas 717; García y Bellido a. O. 371. Beide halten Ilici für eine Gründung des Lepidus. Mir ist nicht bekannt, auf welche Argumente sie diese Datierung stützen.
[97] FITA 213 ff.
[98] Durch die Überweisung der Münzen Vives IV 28 ff. nr. 7, 10 und 11 kommt er aus münzstilistischen Gründen auf das Datum 29/28 v. Das verbindet er mit einer anfechtbaren Interpretation von II 3556, T STATILIO TAURO IMP III COS II PATRONO (26 v.), wonach Taurus, weil er hier als Patron der Stadt erscheine, in aller Wahrscheinlichkeit einer ihrer Gründer gewesen sei. Da aber der Dedikant der Inschrift unbekannt ist, und es, selbst wenn es sich dabei um die Gemeinde Ilici handeln würde, noch keineswegs bewiesen wäre, daß die Stadt nun schon Kolonie war (denn auch peregrine Gemeinden konnten ja selbstverständlich einen Patron in Rom haben), ist dieser Schluß unzulässig. Voraugusteisches Latium ergibt sich für Grant daraus, daß auf der von ihm neu zugewiesenen „Gründungsmünze" der Kolonie schon Quinquennalen auftreten, also schon vorher eine privilegierte Gemeinde vorhanden gewesen sein müßte, die dann — nach der wiederum nur von Grant hergestellten Analogie zu Sagunt und Carthago Nova — ihr Latium 48 v. von Caesar bekommen hätte. Schon Mommsen hat jedoch festgestellt, daß es in lateinischen Städten keine Quinquennalen gab, vgl. unten 57 Anm. 68.
[99] Liv. 34, 9, 1 ff., vgl. Vittinghoff, Kolonisation 80. Daß es sich dabei um eine Deduktion in Form einer Kolonie gehandelt habe (so Grosse RE. II² 262), geht aus Livius nicht hervor; ebensowenig, daß es sich hierbei um eine Strafmaßnahme gehandelt habe, weil Emporiae 4 Jahre vorher sich auf die Seite des Pompeius gestellt habe (so M. Almagro, Ampurias. Historia de la ciudad y guía de las excavaciones, Barcelona 1951, 44 ff.)
[100] Strabo 3, 4, 8.
[101] Vgl. den Plan bei Almagro a. O. 31.
[102] Livius a. O., Plinius 3, 22 civium Romanorum. Der einzige direkte Beleg für municipium ist die undatierbare Münze Vives IV 6 nr. 1. Man wird jedoch nach der Schilderung des Livius, vor allem seiner Zeitangabe nunc in corpus unum confusi den Zeitpunkt der Erhebung zum Municipium nicht allzu früh, etwa in caesarischer Zeit, annehmen dürfen. Zu der wohl parallel zu Vives IV 6 nr. 1 ausgegebenen Münze, wo munici(pium) in iberischen Buchstaben, MVN ᗡᐱ, erscheint, vgl. A. Beltrán, Sobre algunas monedas bilingues romanas del municipio de Ampurias, Numisma 2, 1952, 19 ff. und ähnliche Münzen in Sagunt, vgl. Villaronga a. O. 167.
[103] EE IX 147 nr. 399; 148 nr. 402: jeweils aedilis und IIvir.
[104] Vives a. O. nr. 2—24. Die Beamten werden immer nur mit Q bezeichnet, doch handelt es sich mit ziemlicher Sicherheit um Quinquennalen, denn die aus Sagunt bekannte Institution der Quaestoren als obersten Beamten (vgl. unten 28 f.)

dem römischen Municipium Emporiae, in dem das alte oppidum der Indicetani aufgegangen war, existierte jedoch dieser Stamm unabhängig weiter, wie aus einer neuen Inschrift wahrscheinlich flavischer Zeit hervorgeht[105]. Über seine Rechtsstellung und seine Organisationsform wissen wir nichts.

Caesaraugusta (Zaragoza), das frühere Salduba[106], wurde zwischen 27 und 12 v. mit Veteranen der Legionen IV Macedonica, VI Victrix und X Gemina deduziert[107]. Eine nähere Bestimmung des Zeitpunktes scheint nicht möglich zu sein[108].

Die wohl augusteische Kolonie Salaria (Ubeda la Vieja, am Oberlauf des Guadalquivir)[109] hat sicher römisches und nicht latinisches Recht besessen[110], da es keine kaiserzeitliche latinische Gemeinde in Spanien gibt, die den Kolonietitel geführt hat. Das Fehlen eines Beinamens braucht nicht zu bedeuten, daß es sich hier um eine republikanische Gründung handelt[111].

Barcino (Barcelona) war eine Bürgerkolonie des Augustus[112]. Von einer Deduktion wissen wir nichts[113]. Ob Barcino seine später bezeugte *immunitas* bereits seit Augustus besaß, können wir nicht sagen[114]. Nach neueren Forschungen scheint man mit einer Ver-

---

wird man nicht ohne weiteres nach Emporiae übertragen wollen, so auch Hill, Coinage 33f. und Villaronga 83, der jedoch sicher zu Unrecht annimmt, es habe in Spanien überhaupt keine municipalen Quaestoren gegeben. — Ob es sich bei dem Beamtenkollegium der Münze Vives nr. 2 Q V A I C wirklich um Censoren handelt, wie Grant FITA 156 annimmt, ist sehr fraglich. Er weist sie einer 155 Anm. 3 postulierten, vor dem Municipium bestehenden latinischen Gemeinde zu unter Verweis auf das von ihm ebenfalls nur angenommene vorcaesarische latinische Municipium in Sagunt (vgl. unten 28). Aus Livius geht aber deutlich hervor, daß sowohl die griechische wie die iberische Gemeinde in Emporiae bis zu ihrer Erhebung ins Bürgerrecht peregrin waren. Außerdem ist diese Annahme unnötig, denn das letzte C in der genannten Münzlegende kann auch ein Namensbestandteil sein. Es wäre dann also Q V / A I C abzutrennen (Beamtenpaare ohne Titel: nr. 6, 14, 20, 23. Bei dem Paar nr. 9/10 C I NICOM / P FLQ führt nur der erste ein Cognomen). Außerdem ist natürlich immer eine Verlesung von C für Q möglich. — In diese Reihe gehört auch die Münze bei Almagro a. O. 257 nr. 3 P C V Q COS, wo es sich nicht um Consuln, sondern um einen Q COS(conius), COS(sutius) o. ä. handelt.

[105] AE. 1952, 122. Es handelt sich um einen Prozeß der Olossitani gegen die Indicetani vor dem Gericht des Statthalters T. Aurelius Fulvus, der wohl mit Recht von Pflaum, Carrières 97f. mit dem Fulvus Aurelius von Tac. hist. 1, 79, 5 (er bekam unter Otho die ornamenta consularia) identifiziert wird. Seine Statthalterschaft in der Hispania Citerior würde nach Pflaum etwa um 78 n. liegen; nach Alföldy, Fasti 19f. um 75—78 n.

[106] Plin. 3, 24: *Caesaraugusta colonia immunis . . . ubi oppidum antea vocabatur Salduba.* Archäologische Spuren dieses indigenen Ortes wurden bisher nicht gefunden, vgl. J. Galiay Sarañana, La dominación Romana en Aragón, Zaragoza 1946, 85.

[107] Nach 27 v. wegen des Namens „Augusta", vor 12 v. wegen der Münze Vives IV 71ff. nr. 12, auf der Augustus mit dem lituus und simpulum dargestellt ist, was auf die Übernahme des Oberpontifikates in diesem Jahr deutet, vgl. O. Gil Farres, La ceca de la colonia Caesarea Augusta, Ampurias 13, 1951, 65ff. Daß die Kolonie mit Veteranen der oben genannten Legionen deduziert wurde, geht aus der Münze Vives IV 71ff. nr. 24 hervor.

[108] Alle Datierungsvorschläge (Farres a. O. 65: 25 v.; Beltrán, El río Ebro 71: 24 v.; García y Bellido, Colonias 484: 19 v.; Grant FITA 217: um 19 v.) sind rein hypothetisch, ebenso die These Grants a. O., der die Münze Vives a. O. nr. 1 für die „Gründungsmünze" der Kolonie hält und in Analogie zu dem angeblich gleichzeitig gegründeten Gades Augustus für den Deductor und Agrippa für den Adsignator hält.

[109] Plin. 3, 25, vgl. Vittinghoff, Kolonisation 107.

[110] Anders García y Bellido, Colonias 498, der meint, Plinius lege Salaria latinisches Recht bei. Dieser unterscheidet aber genau *colonia Salariense; oppidani Lati veteris Castulonenses . . .*, wobei als Kolonien immer nur solche römischen Rechts genannt werden.

[111] Marchetti 797; M. Torres HE 297; zu dem Mangel von Beinamen vgl. B. Galsterer-Kröll, S. 83ff.

[112] Plin. 3, 22 und der Beiname „Faventia Julia Augusta Paterna" (vgl. dazu S. Mariner Bigorra, Les cognomina de Barcino à la lumière d'une inscription de Caracalla récemment découverte, Akte 4. Intern. epigr. Kongress, 1964, 234ff.); so auch Vittinghoff, Kolonisation 107. Jetzt vor allem A. Balil, Colonia Julia Augusta Paterna Faventia Barcino, Bibliotheca Archaeologica IV, Madrid 1964.

[113] A. García y Bellido, La legio VII Gemina Pia Felix y los orígines de León, BolAcadHist. 127, 1950, 450 behauptet, es seien Veteranen der legio II Augusta nach Barcino deduziert worden. Doch ist der einzige Beleg hierfür II 6152, der undatierte Grabstein eines Veteranen dieser Legion. Aus der Inschrift geht nicht hervor, daß der Betreffende deduziert wurde.

[114] II 4514: *atlectus a Barc(inonensibus) inter immunes* (Zeit M. Aurels). II 4617: *[b]arcin(one) immuni(s)* (vgl. die Neulesung der Inschrift bei Marià Ribas i Bertran, El Poblament d'Ilduro, Institut d'Estudis Catalans, Memòries de la secció històrica-arqueològica 12, Barcelona 1952, p. 63 und die Abbildung bei F.-P. Verrié, Un altre pedestal de Bàrcino, Cuadernos de Arqueologia e Historia de la Ciudad 12, 1968, 153—69). — Wenn die in den Inschriften genannte Immunität mit der von Paulus gemeinten (D. 50, 15, 8 pr., *Barcinonenses quoque ibidem immunes sunt*) identisch ist, würde daraus folgen, daß Mommsens Staatsrecht III 807 Anm. 4 geäußerte Ansicht, in kaiserlichen Provinzen habe es vielleicht nur *ius Italicum* und nicht *immunitas* gegeben, Paulus habe an der angegebenen Digestenstelle die Bezeichnung „wohl" nur als „Wechsel des Ausdrucks" für *ius Italicum* gebraucht, nicht zu halten ist. *Immunitas* wäre nach der

legung der Kolonie vom Berg an das Meeresufer in claudischer Zeit rechnen zu müssen[115].

Sagunt (Sagunto) wurde zwischen 56 und 8 v. von einer foederierten Gemeinde zum römischen Bürgermunicipium erhoben[116]. Es bietet hinsichtlich seines Beamten-apparates einige Besonderheiten, wie sie sonst in keiner spanischen Stadt auftauchen: neben Aedilen und IIviri erscheinen hier auch Quaestoren, und zwar nicht, wie in den übrigen Städten und wie es z. B. in der *lex Malacitana* vorgesehen ist[117], als untergeord-nete Finanzmagistrate, sondern nach Ausweis der Inschriften als ein Amt, das regel-mäßig nach dem Duovirat bekleidet wurde[118]. Das kommt auch gelegentlich sonst im Reich vor[119], und es ist verständlich, wenn Gemeinden die Finanzverwaltung nicht un-erfahrenen jungen Männern übertragen wollten. Da aber in Sagunt trotz relativ vieler Inschriften keine Quinquennales bekannt sind[120], muß man sich fragen, ob nicht hier möglicherweise die Quaestoren diese Funktion erfüllt haben. Eine gewisse Parallele dazu bieten die in einigen italischen Gemeinden bezeugten *quaestores quinquennales*, auch wenn diese fast immer neben IIviri qq. oder IIIIviri qq. erscheinen[121]. — Ungewöhnlich sind in Sagunt auch die Salii[122]. Diese Priesterschaft war sonst nur in italischen Städten verbreitet[123]. Während hier aber — mit Ausnahme von Tibur, wo dieses Amt vorzugs-

Inschrift auch eine personenrechtliche Kategorie und ihre Verleihung an die Gemeinden delegiert gewesen. Diese Interpretation ist jedoch nicht sicher: im weiteren Text der Inschrift ist davon die Rede, daß die Freigelassenen des Stifters, *quos honor seviratus contigerit, ab omnibus muneribus seviratus excusati sint.* Die oben genannten *immunes* von Barcino könnten also auch eine von den städtischen Munera befreite Personenschicht gewesen sein.

[115] A. Balil, Aspectos 52: die älteste Kolonie sei am Hang des Montjuich anzunehmen, wo die ältesten Inschriften gefunden wurden (vgl. dazu Balil, La exedra Romana de Montjuich, Ampurias 17/18, 1955/56, 273 ff.) und wo man bisher die einheimische Siedlung vermutet habe. In der späteren Kolonie, im heutigen Stadtkern von Barcelona, setzen die Funde nicht vor Claudius ein.

[116] II 3827 MUNICIP SAGUNTINI, zur Datierung auf 8 v. vgl. Hübners Anmerkung zu der Inschrift; seine Herstellung des Datums ist m. E. etwas leichter als die Mommsens a. O.; municipium c. R. nach Plin. 3, 20. Den terminus post bildet Ciceros im Jahre 56 v. gehaltene Rede pro Balbo 23: *quae est ista societas, quae amicitia, quod foedus, ut aut nostra civitas careat in suis periculis Massiliensi propugnatore, careat Gaditano, careat Saguntino . . .* Massilia und Gades sind für diese Zeit auch sonst als foederiert belegt. Den genauen Termin der Erhebung zum Municipium kann man, zumal die Stadt keine Beinamen führte oder zumindest keine bekannt sind, nicht bestimmen. Inwieweit die Schlagstempel mit D(ecreto ?) D(ecurionum ?) und C(ivium ?) R(omanorum ?) bei Vives IV 11 ff. 1—2 (vgl. dazu M. C. Pérez Alcorta, Las monedas antiguas de Sagunto según la colección del Museo Arqueológico Nacional, Num. Hisp. 4, 1955, 265 ff. und Villaronga 136 f.) etwas für das Datum der Bürgerrechtsverleihung aussagen, könnte erst durch eine noch aus-stehende Untersuchung über die mit diesen Stempeln gegengeschlagenen Münzen zeigen.

[117] Vgl. lex Mal. 52.

[118] II 3864, 3865, 4028; AE. 1955, 163; 1957, 314; vgl. dazu die Beobachtungen von Villaronga 75 f.

[119] IX 975 in Compsa; X 227 in Grumentum; XI 4081 in Ocriculum; XII 4426 in Narbo.

[120] Grant FITA 158/64 möchte in einem langen und komplizierten Beweisgang die Münzen Vives IV 28 ff. nr. 12, 16—22 mit praefecti qq. von Carthago Nova nach Sagunt überweisen und daraus seine Konstituierung als Municipium durch C. Calvisius Sabinus 31—29 v. belegen. Diese Konstruktion wurde bereits von Beltrán, Las monedas antiguas 9—35, mit überzeugenden Argumenten zurückgewiesen.

[121] Atina: CIL X 5071 IIvir q. iter. quinq., 5072 aed. IIvir q. quinq., 5067 aed. IIvir IIvir II qq. q. II; Caiatia: CIL X 4570 IIvir q. qq. r. p. q. pec. aliment. p., 4585/87 IIviri qq.; Clusium: XI 2120 IIvir q. qq., 2116 IIvir qq.; Falerio: IX 5439 IIvir q. qq. p. p., 5441 IIvir qq. II; Telesia: IX 2234 pr. IIvir bis aquae cur. q. II quinq., Volcei: X 417 q. quinq., 412 quinq. iter., 416 IIIIvir i. d. III qq. Es besteht natürlich in den meisten Fällen die Möglichkeit, bei den Karrieren Quaestur und Quinquennalität zu trennen, doch ist zu bemerken, daß zumindest bei X 417 in Volcei der direkte Aufstieg von der Quaestur zur Quinquennalität ohne Ämter zuvor oder dazwischen ungewöhnlich wäre und daß, wie die oben an-geführten Beispiele zeigen, IIviri qq. bzw. IIIIviri qq. gewöhnlich ihren korrekten Titel nennen, sich also nicht nur schlicht als Quinquennalen bezeichnen. Auch ist X 4570 aus Caiatia am einfachsten zu erklären, wenn die *quaestura quin-quennalis* der Gemeinde der *quaestura* der Alimentarklasse gegenübergestellt ist. Man muß also wohl mit einer solchen Quaestur rechnen. Ob dann IIIIviri qq. und *quaestores qq.* miteinander auftraten oder ob irgendwann eines dieser Ämter durch das andere ersetzt wurde, können wir freilich mangels datierter Inschriften nicht sagen. Es zeigt sich aber, daß die *quaestura quinquennalis* immer nach dem Duovirat oder Quattuorvirat bekleidet wurde. Sie muß also ein eigenständiges, hohes Amt, nicht nur eine Hilfsmagistratur der eigentlichen Quinquennalen gewesen sein.

[122] Zu den Municipalpriestern vgl. jetzt allgemein D. Ladage, Städtische Priester- und Kultämter im lateinischen Westen des Imperium Romanum zur Kaiserzeit, Diss. Köln 1970.

[123] Anagnia: X 5925/26; Aricia: XIV 2171; Opitergium: V 1978; Patavium: V 2851 (Salius könnte hier auch Cognomen sein); Tibur: XIV 3601, 3609, 3612 u. ö.; Verona: V 4492 (die Inschrift scheint wegen des Nebeneinanders von VIvir und Salius nicht ganz in Ordnung zu sein. Es gibt in Verona zwar auch sonst frei geborene Seviri, doch verfolgen diese ebensowenig wie die übrigen VIviri die Ämterlaufbahn weiter, während sonst überall die Salii eines der höchsten Priesterkollegien darstellen, in das meist nur gewesene Magistrate gewählt werden). Vgl. K. Latte, Röm. Religionsgeschichte, München 1955, 115 Anm. 3 und allgemein Geiger, RE. 1 A, 1920, 1893 f.

weise von Municipalpatroni ausgeübt wird — nur jeweils ein oder zwei Salii belegt sind, haben wir in Sagunt eine größere Zahl von solchen Priestern, darunter mehrere Magistri[124], die alle IIviri, drei von ihnen auch Quaestoren waren. Schließlich werden auf Münzen noch curulische Aedilen genannt[125], ein Amt, das m. W. im ganzen Reich (mit Ausnahme der senatorischen Aedilen in Rom) sonst nur noch einmal in Ariminum bezeugt ist[126]. Die italischen Parallelfälle für die in Sagunt auftretenden Beamtentitel tauchen immer in gewissen lokalen Gruppierungen auf: die *quaestores qq.* im mittleren Italien mit einer Konzentrierung an der Grenze von Latium nach Campanien (Atina, Caiatia, Telesia), die Salii im latinischen Kerngebiet und in der östlichen Transpadana. Welche Schlüsse daraus jedoch für die Gründungsgeschichte Sagunts zu ziehen sind, bleibt unklar, da es das Zeugnis Ciceros nicht erlaubt, an eine frühere, vielleicht latinische Gemeinde dort zu denken[127].

Carthago Nova (Cartagena) war bereits in der Republik eine der bedeutendsten Städte in der Hispania Citerior[128]. Es wurde vor 27 v. Kolonie[129], wobei man wegen der ungewöhnlich großen Zahl von Quinquennalenpaaren, die wir aus Carthago Nova kennen, seine Gründung möglichst früh unter Caesar ansetzen wird[130]. Da eine recht alte Inschrift möglicherweise IIIIviri nennt, auf Münzen der Kolonie aber immer IIviri qq. erscheinen, kann hier bereits vor der Gründung der Bürgerkolonie ein privilegiertes Gemeinwesen bestanden haben; ob römischen oder latinischen Rechts, ist allerdings nicht zu entscheiden[131].

---

[124] Salii: II 3853, 3854, 3859; saliorum magistri: 3864, 3865, 6055, AE. 1957, 314.

[125] Vives II 20 nr. 8 = Villaronga 164 nr. 97. Es gibt von der Münze 4 Exemplare, so daß die Gefahr einer Verlesung ausgeschlossen erscheint. Leider ist die Emission nur soweit datierbar, daß sie zeitlich vor den unter Tiberius geprägten Münzen (Vives IV 11ff.) liegt. Neben den Münzen mit den curulischen Aedilen gibt es solche der gleichen Serie, geschlagen von 2 Beamten, die sich nur Aedilen nennen (Vives II 20 nr. 9). Hübner hält die Aedilen in Sagunt für eine den IIvirn ziemlich gleichgestellte Behörde (Anmerkung zu II 3853), ebenso Hill 122ff., der sie mit den auf Münzen genannten curulischen Aedilen identifiziert.

[126] XI 385, 387 von der gleichen Person.

[127] Vgl. oben Anm. 116.

[128] Strabo 3, 4, 6, vgl. Vittinghoff, Kolonisation 79.

[129] Das einzige Datierungsargument ist allenfalls der Beiname „Iulia" der Stadt (XIII 259 vom Ende des 2. Jhdts. n. Chr., doch läßt sich das I der Münzlegende V I N K bzw. C V I N kaum anders als zu Iulia auflösen), der nur bis 27 v. verliehen worden sein kann. Der früheste datierte Beleg für die Kolonie ist II 3414 P SILIO LEG PRO PR COLONEI PATRONO. H. Dessau, PIR III¹ 245 nr. 512 bezieht die Inschrift auf den cos. 20 v., ebenso mit Verweis auf Vell. Pat. 2, 90, 4 Alföldy, Fasti 7. Marchetti 798 datiert die Gründung auf 45 v.; Blázquez, Estado 97 u. ö. und García y Bellido, Colonias 470f. datieren auf 42 v. Diese Datierung scheint auf der Münze Vives IV 28ff. nr. 22 CN STATI LIBO PRAEF / SACERDOS zu beruhen (nach A. Beltrán, Sobre la moneda de Carthago Nova con Sacerdos — zitiert nach Jenkins (vgl. oben 6 A. 43) nr. 201, wo das Zitat von Beltráns Aufsatz falsch sein muß — ist auf einem anderen Exemplar CN STATILI LIBO / SACERDOS PRAEF QUINQ zu lesen), woraus man auf eine Gründung des Statilius Taurus im Auftrage des Lepidus schloß (so García y Bellido 1962, 369f.).

[130] Es sind 18 Paare von Quinquennalen der Kolonie bekannt, was bei einem durchschnittlichen lustrum von 5 Jahren (vgl. Hausmaninger RE. I² 1105) etwa 90 Jahre ergeben würde. Da die letzte datierte Münze (Vives a. O. nr. 43) unter Caligula geprägt wurde, muß die Gründung der Kolonie in den Beginn der 40er Jahre des 1. Jhdts. v. fallen, wenn man alle Quinquennalen für Carthago Nova beanspruchen will. Grants Versuch, FITA 158ff. einen Teil dieser Münzen anderen spanischen Gemeinden zuzuschreiben, ist jedoch nicht geglückt, vgl. Beltrán, Las antiguas monedas 9ff. und Villaronga a. O. 82. Es bleibt also vorläufig bei der an sich erstaunlichen Tatsache, daß wir alle oder fast alle Quinquennalen von Carthago Nova kennen.

[131] II 3408 L BAEBIUS M F L CATI(us) M F / L TAURIUS L F SER AEFOLAN(us) / GENIO OPIDI COLUMNAM / POMPAM LUDOSQ / COIRAVERUNT. Die Interpretation als IIII viri ist in der Zwischenzeit allgemein angenommen (Blázquez a. O., García y Bellido a. O., Vittinghoff a. O., Degrassi, ILLRP I 117; anders Wilson, Emigration 78 Anm. 3) und es bleibt auch angesichts der offiziellen Tätigkeit dieser Männer kaum eine andere Möglichkeit. Unter *oppidum* dürfte, wie in der lex Urson. 74, 75, 76 u. ö., die eigentliche Stadt gemeint sein, nicht die ganze Gemeinde, wie Degrassi a. O. annimmt. Es handelt sich um eine Weihung dem *genius loci*, nicht dem *genius civitatis* (vgl. VI 334, VIII 6339, X 543, XIII 7335 u. ö.); ähnlich in der undatierten Weihung AE. 1931, 8 GENIO CASTELLI, worunter nach dem Fundort wohl das castellum von Carthago Nova am Monte de la Concepción zu verstehen ist (vgl. HAE 14). — A. Beltrán veröffentlichte in ArchEspArq. 23, 1950, 278 eine Inschrift aus dem Sammelwerk des Muratori (vgl. CIL II p. XXI nr. 67), die dieser Carthago Nova zugewiesen hatte: L VETTIUS L F FRONTO IIIIVIR I D / / / / / / ET CAESAR / / / / / / T PE / / US T F BASSUS F I / / / C I D / IIIIVIRI MURUM REF EX S C. Die Inschrift ist sehr schlecht überliefert: ob z. B. hinter dem ET CAESAR von Z. 2 ein pra]EF CAESAR[is augusti . . . stecken kann, ist sehr fraglich, ebenso, wie die Angabe des Titels IIIIVIR I D hinter dem ersten Namen mit der Kollektivbezeichnung

Von den spanischen Konventshauptstädten hatten die der Baetica, nämlich Gades, Hispalis, Corduba und Astigi[132] und Lusitaniens, also Pax Iulia, Scallabis und Emerita[133] alle unzweifelhaft ein römisches Stadtrecht, das aus iulisch-augusteischer Zeit stammt. Von den Konventshauptorten der Tarraconensis gilt das gleiche für Carthago Nova, Tarraco und Caesaraugusta[134], während Clunia immerhin seit Tiberius privilegiert war[135]. Nur die drei nordwestlichen Mittelpunkte, Lucus Augusti, Asturica Augusta und Bracara Augusta sind in ihrer Rechtsstellung umstritten. Ihr Gebiet kam erst nach dem Kantabrerkrieg des Augustus (26—19 v.) endgültig unter die römische Herrschaft, und es ist sehr gut möglich, daß alle drei Städte Neugründungen des ersten Kaisers waren[136]. Die Parallele zu den anderen spanischen Konventssitzen zwingt jedoch nicht dazu anzunehmen, auch jene hätten römisches oder latinisches Recht bekommen, denn Gortyn, London und Mainz, die Provinzhauptstädte von Creta et Cyrene, Britannia bzw. Germania Superior waren und dennoch immer in der Rechtsstellung einer peregrinen Gemeinde verblieben, zeigen, daß verwaltungsmäßige Bedeutung nicht unbedingt auch höheres städtisches Recht mit sich bringen mußte oder voraussetzte.

Am meisten Wahrscheinlichkeit hat noch, daß Asturica Augusta (Astorga) höheres Stadtrecht besaß[137]. In Bracara Augusta (Braga) sind um die Mitte des 1. Jahrhunderts n. Chr. *cives Romani qui negotiantur Bracaraugust(a)* belegt[138]; diese Bezeichnung schließt die Möglichkeit aus, daß dort um diese Zeit eine römischrechtliche Gemeinde bestand[139]. Spätere Zeugnisse fehlen uns. Für Lucus Augusti (Lugo) schließlich haben wir keinerlei epigraphischen oder numismatischen Hinweis darauf, daß die Stadt Municipium oder Kolonie war[140].

Die Cerretani, die Bewohner der Cerdaña in den Pyrenaeen[141], haben wohl unter Augustus das latinische Recht erhalten[142]. Aus ihrem Gebiet sind uns bisher keine Städte bekannt, woraus natürlich nicht zu schließen ist, daß es tatsächlich keine gab. Da wir auch keine Inschriften haben, auf denen ihre Gemeinde erwähnt wird, können wir über ihre Organisationsform nichts sagen[143].

IIIIVIRI der letzten Zeile in Einklang zu bringen ist. Ob jedoch das Vorkommen von IIIIviri in Carthago Nova, wo wir sonst mit Ausnahme der o. g. Inschrift nur IIviri kennen, bereits ausreicht, festzustellen, die Inschrift Muratoris könne nicht hierher gehören (so Beltrán a. O.), ist zu bezweifeln.

[132] Gades S. 17ff.; Hispalis S. 19; Corduba S. 9f.; zu Astigi vgl. Plin. 3, 12.
[133] Emerita S. 23f., Pax Iulia (Plin. 4, 117; CIL II 47, EE VIII 357, nr. 6); Scallabis (Plin. 4, 117; Ptol. 2, 5, 6; CIL II 35).
[134] Carthago Nova S. 29, Caesaraugusta S. 27; zu Tarraco Plin. 3, 21; CIL II 4071 u. ö., vgl. Vittinghoff, Kolonisation 79.
[135] vgl. S. 31f.
[136] So Henderson, JRS. 49, 1959, 169. Aus der Literatur ist mir nichts von vorrömischen Funden aus diesen 3 Städten bekannt.
[137] Der C LEP M IIVIR, der die Terrakotta-Itinerare AE. 1921, 6—9 aufstellen ließ (wahrscheinlich jedenfalls, denn die genaue Beziehung zwischen den Itineraren und dem IIvir ist keineswegs klar), wurde für einen Beamten eines Municipiums in Asturica Augusta gehalten (M. Besnier, Itinéraires épigraphiques d'Espagne, Bull. Hisp. 26, 1924, 1ff.; F. Diego Santos, Epigrafía Romana de Asturias, Oviedo 1959, 244ff.). Die Itinerare sollen zwar „en la región de Astorga" gefunden sein und ein Bezug auf Asturica ist auch nicht abwegig, da die 2 längsten der in den Itineraren genannten Straßen von Asturica ausgingen, doch ist diese Zuschreibung alles andre als sicher.
[138] II 2423 in der Neulesung und -datierung von G. Alföldy, MM. 8, 1967, 185ff.
[139] A. Schulten, De conventibus civium Romanorum, Berlin 1892, 1.
[140] Wie Schulten RE. 13, 1927, 1709 aus II 2581: CAESARI / PAULLUS FABIUS / MAXUMUS / LEGAT CAESARIS schließen konnte, in der Stadt habe mindestens seit 27 v. eine römische Gemeinde bestanden, ist unverständlich. — Die Abkürzung EX ↄ LUCENSI(um) in EE, VIII 448 nr. 199 ist, wie Hübner ad locum zutreffend angibt, mit der Abkürzung ↄ in anderen Inschriften aus Tarraco gleichzusetzen, die immer den Conventus oder seinen Hauptort meinen (II 4255, 4257, 4236, 4198), also nicht das C als C(olonia) aufzulösen (Bracara als Kolonie bei P. Bosch-Gimpera, P. Aguado Bleye HE 274).
[141] Plin. 3, 22; vgl. Hübner RE. 3, 1899, 1985.
[142] Plin. 3, 23 *Latinorum ... Cerretani qui Iuliani cognominantur et qui Augustani.* Ähnlich wie bei den Astures Augustani und Astures Transmontani (Plin. 3, 28) wird der Stamm wohl durch die geographischen Gegebenheiten in 2 Unterabteilungen getrennt.
[143] Zu ähnlichen Schwierigkeiten bei den Convenae und Consoranni auf der anderen Seite der Pyrenäen vgl. B. Galsterer-Kröll, S. 140ff.

IV GRÜNDUNGEN ZWISCHEN TIBERIUS UND GALBA

Nach der großen Zahl von Kolonie- und Municipiengründungen, die Spanien unter Caesar und Augustus erlebte, trat unter den folgenden Kaisern bis Vespasian ein gewisser Stillstand ein. Für die iberischen Provinzen war dieser Zeitraum eine Periode kaum gestörter wirtschaftlicher und kultureller Blüte[1]. Spanische Literaten wie Martial und Quintilian bestimmten großenteils das Bild der nachklassischen Stil-epoche Roms, der „silbernen Latinität", und unter Nero leitete L. Annaeus Seneca aus Corduba mit dem Südgallier Sex. Afranius Burrus für einige Jahre, das glückliche „quinquennium Neronis"[2], die römische Politik. Man könnte erwarten, daß aus diesem halben Jahrhundert auch eine größere Zahl von Neugründungen römischer oder latini-scher Municipien und Kolonien begegnete. Im folgenden soll untersucht werden, ob dies tatsächlich der Fall ist oder ob man Sutherland zustimmen muß, der die spanische Städtepolitik der Kaiser des julisch-claudischen Hauses ab Tiberius als „rückschrittlich" bezeichnet[3].

D e r t o s a (Tortosa) nahe der Mündung des Ebro war bereits in republikanischer Zeit eine bedeutende Siedlung[4]. Die Ilercavones, in deren Gebiet Hibera-Dertosa lag, unterstützten im Bürgerkrieg Caesar[6] und das hat möglicherweise dazu geführt, daß ihre Gemeinde wohl schon in caesarischer Zeit zum Bürgermunicipium erhoben wurde[7]. Wie der Name *Dertosa municipium Hibera Iulia Ilercavonia* zustande kam, den es auf Münzen führte[8], wissen wir nicht. Sehr unwahrscheinlich aber ist die Annahme einer Doppelgemeinde von Dertosa am linken und Hibera am rechten Ebroufer, wie Schulten vorschlug[9], da Hibera sonst in der gesamten Literatur der Kaiserzeit nicht erwähnt wird und auch auf Inschriften nicht erscheint[10]. Viel eher ist anzunehmen, daß „Hibera" — ebenso wie „Ilercavonia" — Beiname der Stadt ist, was eine gewisse Parallele in dem Beinamen „Sarnia" der nordafrikanischen Kolonie Milev hat[11]. Da das Municipium Dertosa noch unter Tiberius auf Münzen genannt wird[12], könnte die Erhebung zur Kolonie, die durch eine allerdings sehr späte Inschrift bekannt ist[13], frühestens unter

---

[1] Abgesehen von kleineren Unruhen, wie der von Tac. ann. 4, 45 berichteten (s. unten 52 Anm. 15), vgl. auch das CIL XI 395 erwähnte Unternehmen der Legio VI gegen — aufständische? — Asturer unter Nero.

[2] Traian bei Aurelius Victor, Caes. 5, 2.

[3] C. H. V. Sutherland, The Romans in Spain, London 1939, 176.

[4] Liv. 23, 28, 10 *urbem a propinquo flumine Hiberam appellatam, opulentissimam ea tempestate regionis eius.*

[5] Ptol. 2, 6, 63.

[6] Caesar b. civ. 1, 60, 2—4.

[7] Plin. 3, 23 *civium Romanorum Dertosani;* Municipium nach den Münzen, vgl. unten.

[8] Vives IV 17f. nr. 1—4. Von diesen geben nr. 3 und 4 die Legende *Dertosa mun. Hib. Iul. Ilercavonia,* während nr. 1 und 2 nur *mun. Hib. Iul. Ilercavonia* haben. Datiert ist nur nr. 4 unter Tiberius (wenn man nicht Hill 75 zustimmen will, der wegen der stilistischen Ähnlichkeit der Münzen sie auch für zeitlich zusammengehörig hält).

[9] A. Schulten, Tartessos und anderes Topographisches aus Spanien, AA. 1922, 54. Als Möglichkeit auch bei A. García y Bellido, Dos problemas de la romanización en Tarragona: Las colonias Tarraco y Dertosa, BolArqTarrac. 62/63, 1962/63, 7.

[10] Vor allem müßte man erwarten, daß Hibera in einem der relativ häufigen Itinerare für die wichtige Strecke von Gades nach Rom genannt wird.

[11] „Sarnia" nach dem Fluß Sarnus, der durch Nuceria fließt, vgl. Treidler, RE. 15, 1932, 1659f. und Teutsch, Städte-wesen 182.

[12] Vgl. oben Anm. 8.

[13] II 4058 (249/50 n.); bei 4060 ist leider der rechte Rand unleserlich, so daß man nicht entscheiden kann, ob hinter UNIVERSUS [ordo . . .] noch eine Nennung der Kolonie stand.

diesem Kaiser erfolgt sein. Ob man die Angabe des Strabo, der Dertosa κατοικία nennt[14], als Beleg für eine frühe Erhebung verwenden darf, ist fraglich: zunächst stammt der Hauptteil des strabonischen Werkes aus frühaugusteischer Zeit; unter Tiberius wurden nur noch wenige Korrekturen eingefügt[15]. Weiter ist aber auch die Bezeichnung κατοικία — ebenso wie ἀποικία — bei Strabo nicht auf römische Kolonien beschränkt[16]. Da auch alle Münzen, die man zur Stützung Strabos angeführt hat, entweder falsch gelesen oder falsch bezogen wurden[17], scheint es sehr unsicher, ob man eine Koloniegründung in Dertosa unter Tiberius vertreten kann[18].

Ein schwieriges Problem, vor allem bezüglich seiner Lokalisierung, bietet Julia Traducta. Strabo berichtet[19], die Bewohner der westmarokkanischen Stadt Zilis (Arsila am Atlantik) seien von den Römern „an der gegenüberliegenden Küste" angesiedelt worden, wobei auch einige Leute aus Tingi (Tanger) und auch römische Bürger mitangesiedelt worden seien. Diese neue Stadt sei Iulia Ioza genannt worden. Man scheint heute in der Forschung darüber einig zu sein, daß das semitische „Ioza" einem lateinischen „Traducta" entspricht[20], obwohl es natürlich seltsam ist, daß eine neue Ansiedlung in römischen Formen neben ihrem lateinischen auch einen fremdsprachigen Namen bekommen haben soll. Diese Stadt Iulia Traducta ist aus südspanischen Münzen der Zeit von 17 bis 2 v. bekannt[21]. Der Name wird auch von Plinius erwähnt, doch bezieht er ihn fälschlicherweise auf das afrikanische Tingi und schreibt, dieses habe bei seiner Erhebung zur Kolonie durch Claudius den Beinamen „Iulia Traducta" bekommen[22]. — In Spanien nennen weder Plinius noch Strabo die Stadt Traducta. Pomponius Mela sagt zwar nichts von Traducta, aber er schreibt, seine Heimatstadt Tingentera bei Carteia, also am Golf von Algeciras, sei von aus Afrika herübergekommenen Phoenikern bewohnt gewesen[23]. Man identifizierte Tingentera deshalb mit Iulia Traducta und brachte es mit dem mauretanischen Tingi in Verbindung; den Namen interpretierte man als „Klein- oder Neutingi", wozu trefflich zu passen schien, daß Tingi selbst mit „Tingi Maior" münzte[24]. Diese Identifizierung mit Traducta ist jedoch sehr unsicher, da keineswegs bekannt ist, ob die Einwohner von Zilis wirklich „Phoenices" waren und weil es unwahrscheinlich ist, daß eine Ansiedlung, die nur zum geringen Teil

[14] Strabo 3, 4, 6.
[15] J. G. C. Anderson, Some Questions bearing on the Date and Place of Composition of Strabo's Geography, Anatolian Studies presented to W. M. Ramsay, Manchester 1923, 1 ff.; Honigmann RE. 4 A, 1932, 77 f., doch vgl. auch W. Aly, Strabonis Geographica IV (Bonn 1957) 397.
[16] Beide können sowohl griechische als auch „barbarische" Kolonien (vgl. 3, 5, 5 von Gades: ἀποικία der Tyrier) als auch Siedlung ganz allgemein (z. B. 6, 2, 6; 7, 5, 5 u. a.) bedeuten. Für römische Kolonien z. B. 3, 2, 1: Corduba und Hispalis; 3, 4, 10: Celsa.
[17] Die Münzen mit C I A D, die Hübner, RE. 5, 1905, 246 ff. anführt und deren Legende er als „colonia Iulia Augusta Dertosa" auflöste (ebenso Kornemann, colonia 542 und J. M. de Navascués, En torno a las series hispánicas imperiales, Num. Hisp. 1, 1952, 41), gehören eher nach Dium oder nach Dyme im Osten, vgl. Hill 75 Anm. 20. — Die Münze Eckhel I 47 mit der angeblichen Aufschrift COL DERT Q LUCRETI L PONTI, die sowohl Hübner a. O. als auch García y Bellido, Colonias 502 akzeptieren, muß Parium zugewiesen werden und ist mit Sicherheit falsch gelesen: statt COL DERT ist COL DED(ucta) P(arium) zu lesen, vgl. J. Imhoof-Blumer, Monnaies Grecques, Amsterdam 1883, 252 nr. 126 ff.; Zuweisung nach Lampsakos: Grant, FITA 246 und L. Robert, Hellenica 9, 1950, 89.
[18] Ablehnend Vittinghoff, Kolonisation 107 f.; Balil, Aspectos 53; Hill 74; Marchetti 847 ff.; Grant, FITA 158.
[19] Strabo 3, 1, 8 ἦν καὶ Ζῆλις τῆς Τίγγιος ἀστυγείτων, ἀλλὰ μετῴκισαν ταύτην εἰς τὴν περαίαν Ῥωμαῖοι, καὶ ἐκ τῆς Τίγγιος προσλαβόντες τινάς· ἔπεμψαν δὲ καὶ παρ᾽ ἑαυτῶν ἐποίκους καὶ ὠνόμασαν Ἰουλίαν Ἴοζαν τὴν πόλιν.
[20] Vgl. Thouvenot 191.
[21] Vives IV 114 ff. mit der Aufschrift IUL TRAD. Die Datierung ergibt sich aus der Nennung von C. und L. Caesar auf den meisten Münzen.
[22] Plin. 5, 2. Oppida fuere Lissa et Cottae ultra columnas Herculis, nunc est Tingi quondam ab Antaeo conditum, postea a Claudio Caesare, cum coloniam faceret, appellatum Traducta Iulia. Abest a Baelone oppido Baeticae proximo traiectu XXX ⟨III⟩.
[23] Mela 2, 96 et quam transvecti ex Africa Phoenices habitant atque unde nos sumus Tingentera.
[24] García y Bellido, Colonias 493 ff. und in der Strabo-Übersetzung (s. o. 4 Anm. 24) 63 f., ähnlich A. Beltrán Martínez, Las monedas de Tingi y los problemas arqueológicos que su estudio plantea, Num. Hisp. 1, 1952 89 ff., bes. 98. Beide setzen Tingentera mit Iulia Traducta gleich.

aus Einwohnern Tingis bestand, sich Neu-Tingi benannt hätte. — In der Beschreibung der spanischen Küste von Gades bis Carteia, zwischen denen nach Strabos περαίαν Traducta gelegen haben muß, stimmen alle Geographen[25] in dem Abschnitt von Gades über Baesippo und Baelo bis Mellaria überein, zwischen Mellaria und Carteia wird jedoch eine Vielfalt von Städten überliefert, die an dieser kurzen Strecke von 16 Meilen unmöglich alle nebeneinander bestanden haben können. Mela spricht von Tingentera, das Itinerarium Antonini von Portus Albus, Ptolemaeus und Marcian nennen Traducta und Barbesula, der Geographus Ravennas und Guido Traducta und Cetraria. Da weitere Lokalisierungsanhalte fehlen, beruht die Annahme, Traducta habe zwischen Mellaria und Carteia gelegen, d. h. etwa in der Gegend von Tarifa also, wo es heute zumeist angenommen wird[26], auf Ptolemaeus, Ravennas, Marcian und Guido. Davon scheiden zunächst die beiden letzteren als ohne selbständigen Quellenwert aus: Marcian geht in seinem Periplus auf Ptolemaeus zurück[27] und Guido schreibt zumindest in dem betreffenden Abschnitt wörtlich den Ravennaten aus[28]. Der Anonymus Ravennas hat zwar Ptolemaeus nach seinen Zitaten verwendet[29], doch hat er sich bei der Beschreibung Spaniens anscheinend ganz auf Castorius verlassen[30]. Auch wenn dieser der Verfasser der „Tabula Peutingeriana" war[31], nützt uns das wenig, da ja bekanntlich das erste Blatt dieser Karte, auf dem Spanien dargestellt war, verloren ist, wir also nicht nachprüfen können, ob die Lokalisierung von Traducta auf ihn zurückgeht. Die Beschreibung der Route von Rom nach Gades bietet bei dem Ravennaten jedoch so viele Fehler, daß man seinen Lokalisierungen nicht ohne weiteres vertrauen kann[32]. Bei Ptolemaeus ist, wie die Falschansetzung von Barbesula zeigt, der die Küstenstraße beschreibende Abschnitt gestört. Man sollte also zunächst unsere besten Quellen aus dem ersten Jahrhundert n. Chr., Plinius und Strabo, befragen[33]. Sie geben zwar die Lage von Traducta nicht expressis verbis an, doch ist es erstaunlich, daß es bei beiden im Zusammenhang mit Baelo erscheint. Strabo nennt es in einem Exkurs, dessen Anknüpfung völlig unverständlich wäre, wenn er nicht eine Verbindung zwischen Baelo und der Geschichte der in Spanien angesiedelten Bewohner von Zilis gesehen hätte[34]. Außerdem würde ἡ περαία, „das gegenüberliegende Ufer", von Zilis und Tingi aus, die am Atlantik lagen, viel eher auf das ebenfalls am atlantischen Ufer liegende Baelo als auf eine Stadt innerhalb der Straße von Gibraltar deuten. — Plinius spricht von Traducta im Zusammenhang mit Tingi, was unmöglich ist, denn abgesehen davon, daß Claudius nicht

[25] Strabo a. O.; Plin. a. O.; Mela a. O.; Ptolemaeus 2, 4, 5—6; Itin. Antonini 406, 3 — 408, 4; Ravennatis Anonymi Cosmographia (bei J. Schnetz, Itineraria Romana II, Leipzig 1940) 4, 42f. und 5, 4; Guidonis Geographica (ebendort) 83; Marcian von Herakleia (Müller, Geographi Graeci Minores I 544ff.) 2, 9. Gegen Beltrán a. O. 95 sagt Gregor von Tours, Historia Francorum II, 2 p. 62 Buchner nichts über die Lage von Traducta aus. Die Passage lautet: *post haec prosequentibus Alamannis usque Traductam, transito mare, Wandali per totam Africam ac Mauretaniam sunt dispersi.* Die Vandalen können natürlich ebensogut von Baelo wie von der Bucht von Algeciras aus nach Afrika übergesetzt sein.
[26] Z. B. Schulten RE. 6 A, 1937, 1383; García y Bellido, Colonias a. O.
[27] Vgl. bei beiden die falsche Lokalisierung von Barbesula (durch II 1941 an der Mündung des Guadiaro lokalisiert, wo auch Ptolemaeus und Marcian die Mündung des Flusses Barbesula ansetzen). Zur Abhängigkeit vgl. auch Christ — Schmidt — Stählin, Gesch. d. griech. Literatur II 2 (1924) 1044f.; Polaschek RE. Suppl. 10, 1965, 772ff.
[28] Das oben genannte Barbesula erscheint bei Ravennas 4, 42 als *Sabesola*, 5, 4 als *Bardesola*, Guido entscheidet sich nicht für eine der Schreibvarianten, sondern bringt *Sabessola vel Bardesola.*
[29] Vgl. K. Miller, Itineraria Romana (Stuttgart 1916) XXVII 1, Anm. 3.
[30] Vgl. seine Bemerkungen am Anfang von 4, 42.
[31] K. Miller, Die Weltkarte des Castorius, Ravensburg 1888, 40ff.
[32] Sagunt taucht bei ihm zweimal auf, einmal zwischen Tarraco und Dertosa, dann noch einmal an der richtigen Stelle bei Valentia. Die Strecke zwischen Portus Sucronis und Ilici ist durch die Contamination der Binnen- und der Küstenstraße völlig falsch geschildert. Die Fortsetzung dieser Route von Gades über Olisipo nach Bracara Augusta bewegt sich in wilden Rösselsprüngen durch Lusitanien.
[33] Selbst Mela, der die Gegend von Carteia, seine Heimat, kennen sollte, verlegt das Municipium Suel (Fuengirola) östlich statt westlich von Malaca.
[34] Eine Anknüpfung wie „Baelo . . . von dort fährt man nach Tingi . . . dessen Nachbar war . . ." würde völlig aus dem Rahmen von Strabos streng aneinanderreihender und Exkurse logisch verknüpfender Arbeitsweise fallen.

den Beinamen „Iulia Traducta" verleihen konnte, der in Spanien seit spätestens 2 n. auf Münzen belegt ist, war Tingi selbst eine *colonia Iulia*[35], konnte diesen Namen und Rang also nicht erst unter Claudius bekommen haben. Plinius muß sich also getäuscht haben. Zwar könnte man diesen Irrtum so erklären, daß er in seiner Vorlage über Tingi eine Bemerkung fand, Tingitaner seien nach Iulia Traducta ausgewandert; viel wahrscheinlicher ist aber, daß die ganze Passage zu dem in Plinius Text folgenden Baelo gehört und nur irrtümlich zu Tingi gerückt wurde. —

Baelo wird jetzt bei der Wüstung Bolonia etwa 20 km nordwestlich von Tarifa lokalisiert[36]. Die dort durchgeführten Grabungen konnten diesen Ansatz zwar nicht ganz sicherstellen, da bisher keine Inschriften mit dem Namen der Stadt gefunden wurden[37], doch ist er durch die Angabe der Itinerare und durch die heutige Namensform „Bolonia"[38] sehr wahrscheinlich gemacht. Die Grabungen ergaben bisher noch kein einheitliches Bild, doch scheint es, daß die Siedlungsspuren in der „Unterstadt"[39] bis in die Mitte des 1. vorchristlichen Jahrhunderts zurückreichen, während in der „Oberstadt" bisher nur Material ab dem 1. Jahrhundert n. Chr. gefunden wurde. — Über die stadtrechtliche Stellung von Baelo haben wir wenig Nachrichten. Die aus dem ersten Jahrhundert v., wahrscheinlich aus der caesarischen oder Triumviralzeit stammenden Münzen[40] nennen Beamte, von denen einer als Aedilis bezeichnet wird[41], doch kann man hieraus nichts für die rechtliche Lage Baelos schließen. Auf einem bei den Grabungen gefundenen Bronzefragment, das wohl Teil eines Gesetzes war, ist möglicherweise, wenn auch nicht sehr wahrscheinlich, CO[lonia] zu ergänzen[42]. Aus einer späteren Quelle ist uns noch bekannt, daß die Stadt den Beinamen „Claudia" führte[43]. Dieser Beiname schien immer recht verdächtig[44], da wir sonst über Stadtrechtsverleihungen des Claudius in Spanien überhaupt nichts wissen[45]. Im Zusammenhang mit Plinius wird dieser Beiname jedoch interessant. Es wurde bereits festgestellt, daß der Satz *postea a Claudio Caesare, cum coloniam faceret, appellatum Traducta Iulia* nicht zu Tingi gehören kann und vorgeschlagen, daß sich diese Nachricht auf Baelo bezieht. Auch hier muß die Tätigkeit des Claudius von dem Beinamen Iulia Traducta getrennt werden, doch dies würde durch die Bezeugung der Stadt Traducta vor 2 n. und den claudischen Beinamen Baelos gestützt werden. Den Hergang hätte man sich dann also so vorzustellen: vor 27 v., möglicherweise in Zusammenhang mit der Einrichtung von Veteranen-

[35] Vgl. Vittinghoff, Kolonisation 116f.

[36] So bereits Kieperts Karte in CIL II und vor allem P. Paris — G. Bonsor — A. Laumonier — R. Ricard — C. de Mergelina: Fouilles de Bélo I, II, Bibliothèque de l'École des Hautes Études Hispaniques fasc. 5 bis und 6, 1923/26; zuletzt C. Domergue, La campagne de fouilles 1966 à Bolonia, Crónica del X Congr. Nacional de Arq., Mahón 1967 (Zaragoza 1969) 442 ff.

[37] Die Zahl der gefundenen Inschriften ist überhaupt minimal. Die einzige Inschrift, die einen Beamten nennt, ist Fouilles II 138 nr. 10, gesetzt für einen Augustalis.

[38] Entstanden aus Baelone wie Barcelona aus Barcinone.

[39] Vgl. den Plan bei Domergue a. O. 456.

[40] Vives III 45.

[41] Ibid. nr. 3 FAT — AID. L. APO / BAILO. Grant FITA 24f. wollte diesen L. APO mit einem sonst unbekannten Quaestor des Sex. Pompeius namens L. Ap(uleius) D(ecianus) identifizieren, vgl. oben 14 Anm. 64. Da dies jedoch meines Wissens der einzige Fall wäre, wo ein municipaler und ein stadtrömischer Magistrat zusammen münzten, hat das wenig Wahrscheinlichkeit und ebenso seine These, Baelo habe von Sex. Pompeius latinisches Recht bekommen. Grants Ansicht, Baelo sei irgendwann vor Claudius zerstört worden, entbehrt jeder Grundlage.

[42] Die Bronze wurde nach Fouilles I 65 beim „Capitolium" am Forum gefunden. A. d'Ors, El bronce de Belo, Emerita 27, 1959, 367 ff. hält sie für den Rest einer kaiserlichen Epistel über ein Wasserwerk. Der Text lautet: ... EAM RUMP ... / ... ST DEFICIE ... / ... ABUNDEQU ..... / ..... CO .. / .... QU .. Die Ergänzung CO[lonia] in Zeile 4 ist also recht unsicher.

[43] Itin. Antonini 407, 3.

[44] Vittinghoff, Kolonisation 110 Anm. 2.

[45] Mit Ausnahme des ziemlich rätselhaften Claudionerium beim Cap Finisterre (Ptol. 2, 6, 21), vgl. dazu L. Monteagudo, Provincia de Coruña en Ptolemeo, ArchEspArq. 26, 1953, 91 ff. Wenn sich der erste Namensbestandteil hier überhaupt auf Claudius bezieht, muß es sich um eine peregrine Gemeinde gehandelt haben: B. Galsterer-Kröll nr. 206.

kolonien in Zilis und Tingi[46], wurden die Bewohner von Zilis einschließlich einiger Tingitaner und römischer Bürger in Baelo angesiedelt. Die Stadt erhielt den Beinamen Iulia Traducta, was in Spanien, soweit wir erkennen können, privilegiertes Recht bedeutet[47]. Sein damaliger Rang bleibt unklar[48]. Claudius verlieh ihm seinen neuen Beinamen, möglicherweise unter Erhebung zur Kolonie. Eine mögliche Gelegenheit dazu wäre der Krieg gegen Aedemon in Mauretanien gewesen, als Baelo einer der Hauptnachschubhäfen für die dort operierende römische Armee gewesen sein muß[49].

Clunia (Peñalba de Castro bei Coruña del Conde), das nach dem Beinamen „Sulpicia" seinen später bezeugten Kolonierang wahrscheinlich von Galba bekam[50], war wohl vorher ein Municipium latinischen Rechts[51]. Die Münzen mit IIIIviri und Aedilen sind alle unter Tiberius geprägt. Da bei Plinius Clunia noch als peregrin erscheint, müßte seine Erhebung zum Municipium wohl in den Beginn der Regierung des Tiberius fallen[52].

Anticaria (Antequera nördl. Málaga) besaß nach einer in Dakien gefundenen Inschrift den Beinamen „Sulpicia"[53]. Da der einzige Beleg, daß es Municipium war, undatiert ist[54] und der einzige uns bekannte IIvir der Stadt im Jahre 77 n. sein Amt

[46] Plin. 5, 2, vgl. dazu sehr einleuchtend Vittinghoff, Kolonisation 117 Anm. 2. Es wäre in diesem Fall jedoch zu klären, warum Strabo in der Vergangenheitsform schreibt: ἦν δὲ καὶ Ζῆλις. Die Kolonie muß ja weiter bestanden haben. Außer bei Plinius ist Zilis/Zulil aber nirgends belegt.

[47] Vgl. Galsterer-Kröll 33f.

[48] Es ist unwahrscheinlich, daß die Römer und Tingitaner ihr römisches Bürgerrecht (zu Tingi vgl. Dio 48, 45, 1f.) bei der Umsiedlung verloren und durchaus denkbar, daß auch die Einwohner von Zilis Bürgerrecht bei dieser Gelegenheit bekamen. Eine Parallele zur Ansiedlung in Form einer Kolonie bieten u. a. Philippi und Dyrrhachium, wo Augustus durch seine italischen Veteranendeduktionen vertriebene Italiker ansiedelte, vgl. Vittinghoff, Kolonisation 128f. Doch widerspricht einer solchen augusteischen Gründung das Zeugnis des Plinius. Für eine Ansiedlung als Municipium römischer Bürger oder mit latinischem Recht fehlt uns jede Parallele. Die Frage muß also offen bleiben.

[49] Nach Strabo 3, 1, 8 ἐντεῦθεν οἱ διάπλοι μάλιστά εἰσιν εἰς Τίγγιν τῆς Μαυρουσίας. Nach Cassius Dio 60, 24, 5 war der Nachschub dem Statthalter der Baetica, Umbonius Silo, anvertraut (doch vgl. Alföldy, Fasti 153f.). Die Beinamenverleihung braucht selbstverständlich nicht mit einer Statusänderung verbunden gewesen zu sein, vgl. etwa bei Narbo (hierzu B. Galsterer-Kröll, 90ff.).

[50] Der Beiname auf der Münze des Galba RIC I 215 nr. 151 = Mattingly, BMC I 356 nr. 252—54. HISPANIA CLUNIA SUL S C. Kolonie: Ptol. 2, 6, 55; CIL II 2780 (Hadr.). Als Kolonie des Galba zuletzt bei García y Bellido, Colonias 503f. H. Jucker, HISPANIA CLUNIA SUL, zu einem Sesterz des Kaisers Galba, Schweizer Münzblätter 15, 1965, 94ff.; vgl. dort auch zu der These Mattingly's a. O., SUL(picia) sei nicht als Beiname der Stadt, sondern als Beischrift zum Kaiserbild aufzufassen. — Galba erhielt in Clunia nach Plutarch, Galba 7, 1 die Nachricht von seiner Wahl zum Kaiser. — Nicht auszuschließen, wenn auch nicht allzu wahrscheinlich, ist die Möglichkeit, daß „Sulpicia" ein bloßer Namenszusatz ohne Änderung des stadtrechtlichen Status war (vgl. B. Galsterer-Kröll 89ff.). Für die Erhebung zur Kolonie bliebe dann außer dem Terminus ante quem (Hadrian) kein weiterer Anhaltspunkt.

[51] Privilegiertes Stadtrecht ist zu erschließen aus den Münzen Vives IV 111f. nr. 3ff = M. C. Trapote — R. M. Valls, Hallazgos monetarios en Clunia de 1958 a 1964, Monografías Clunienses I, Valladolid 1965, 14ff., die IIIIviri und aediles der Stadt nennen. Daß Clunia auf den Münzen keinen Titel führt, ist nicht außergewöhnlich: Emporiae, Osca und Valentia geben ebenfalls keinen Titel an. Der Hospitiumvertrag II 5792 aus dem Jahre 40 n., wo *Clunienses ex Hispania Citeriore* auftreten, ist kein Argument gegen die Annahme, daß Clunia damals bereits Municipium war, vgl. AE. 1936, 66 von 98 n., wo die *Baetulonenses ex Hispania Citeriore* genannt werden, die schon nach Plin. 3, 22 ein oppidum c. R. waren. Zum Municipium Clunia vgl. Degrassi, Quattuorviri 303 und P. de Palol, Clunia, een romeinse stad in Tarragona, Spanje; Antiquity and Survival (nederlandse uitgave) 3, 1960, 43 und ders., Clunia Sulpicia, Ciudad Romana, Burgos 1959, 20ff. — Zum latinischen Recht der Stadt vgl. Fr. Vittinghoff, Die Entstehung von städtischen Gemeinwesen in der Nachbarschaft römischer Legionslager — ein Vergleich Leóns mit den Entwicklungslinien im Imperium Romanum, Coloquio Conmemorativo del XIX Centenario de la Legio VII Gemina, León 1968 (1971), 351. Von den Legaten des oben genannten Hospitiumvertrages trägt nur einer die Tribus (Galeria). Da bei den Personenangaben solcher Verträge aber auf möglichst gleichartige Bezeichnung Wert gelegt wurde (vgl. unten 43 Anm. 48), ist hier vielleicht das Argumentum ex silentio zulässig, daß der zweite Gesandte der Stadt tatsächlich keiner Tribus angehörte, also nicht römischer Bürger war. Da er die tria nomina trägt, also auch nicht Peregriner war, müßte er dementsprechend latinischen Rechts gewesen sein. Ein solches Zusammenwirken eines Stadtbürgers römischen und latinischen Rechts ist aber nur in einer latinischen Gemeinde vorstellbar. Die Tatsache, daß hier ein Angehöriger der städtischen Oberschicht noch nicht, sei es durch die Eltern oder durch eigene Ämterbekleidung, das Bürgerrecht erreicht hat, deutet vielleicht auf eine noch nicht allzu lang zurückliegende Gründung des Municipiums hin.

[52] 3, 27.

[53] CIL III 1196 C SENTIO C F SULP / FLACCO ANTIQ.... Der Beiname „Sulpicia" erscheint hier als sogenannte Pseudotribus, vgl. Forni, Pseudotribù 105. Die Beziehung auf Anticaria in der Baetica vertrat zuerst Mommsen CIL II p. 276 Anm.

[54] II 2034.

5*

36

bekleidete[55], ist es am wahrscheinlichsten, daß die Gemeinde von Galba das Municipalrecht bekam. Ob diese Privilegierung mit dem Übertritt des Quaestors der Baetica,
A. Caecina Alienus, zu Galba zusammenhängt, bleibt unklar[56].

In den drei spanischen Provinzen konnte mithin nur bei einer Stadt die Privilegierung mit einiger Sicherheit Tiberius zugewiesen werden: wahrscheinlich wurde unter
ihm Clunia mit dem latinischen Recht ausgestattet. Die Erhebung Dertosas zur Kolonie
schon unter Tiberius bleibt dagegen sehr fraglich. In welchen historischen Zusammenhang die Gründung Clunias zu stellen ist, bleibt ungewiß. — Wenn die oben vorgebrachte
Vermutung, Claudius habe Baelo zur Kolonie befördert, richtig ist, dann wird dieses
Ereignis wohl mit dem mauretanischen Krieg zu tun haben. — Von den beiden Städten,
die unter Galba eine Rangerhöhung erhielten, kann man sicher vermuten, daß dies in
Zusammenhang mit dem Aufstand gegen Nero geschah. Insgesamt drei Städte also,
von denen wahrscheinlich zwei das Stadtrecht neu erhielten, zwei von Municipien zu
Kolonien erhoben wurden (Clunia bekam nach unserer Theorie das Stadtrecht unter
Tiberius und Kolonierang unter Galba, zählt also in diesem Zusammenhang doppelt).
Verglichen mit der Zahl der Privilegierungen unter Caesar und Augustus ist das bescheiden. Zieht man jedoch in Betracht, daß zwar anscheinend Claudius das Bürgerrecht
großzügig vergab[57] und auch eine große Reihe von Städten höheren Rechts in allen
Gebieten des Reiches gründete, daß wir aber von Tiberius, Caligula, Nero, Galba,
Otho und Vitellius mit Ausnahme der genannten spanischen keine sicheren Municipien
und auch keine sicheren Kolonien außerhalb Italiens kennen[58] dann dürfte diese Zahl
doch nicht ganz so verächtlich sein.

[55] II 2041. Vespasian ist als cos. VIII mit der tribunicia potestas VIII genannt, die Inschrift fällt also nach der Berichti-
gung der Konsulate Vespasians durch Degrassi, Fasti 22, in die erste Hälfte des Jahres 77 n.
[56] Tac. hist. 1, 53, 1. Galba kam in der kurzen Zeit, die er als Kaiser noch in Spanien blieb, überhaupt nicht in die Baetica.
Andrerseits beherrscht Anticaria die Straße vom Statthaltersitz Corduba an die Häfen der spanischen Südküste,
besaß also auch eine gewisse strategische Bedeutung.
[57] Sherwin-White, Citizenship 181 ff.; vgl. auch, wenn natürlich übertrieben, Seneca Apocol. 3, 3, wonach Claudius an
alle Griechen, Gallier, Hispanier und Britannier das Bürgerrecht verleihen wollte. Die Listen der claudischen Städtegründungen bei A. Momigliano, Claudius, Cambridge 1961², 64 ff. sind überholt.
[58] B. Galsterer-Kröll 5 f. Die von G. Alföldy, Municipes tibériens et claudiens en Libournie, Epigraphica 23, 1961, 53 ff.
und Bevölkerung und Gesellschaft der römischen Provinz Dalmatien, Budapest 1965, 68 ff. erschlossenen und von
Wilkes, Dalmatia a. O. übernommenen Municipiengründungen des Tiberius im nördlichen Dalmatien dürfen noch
keineswegs als gesichert gelten, vgl. demnächst Verf., Rezension von Wilkes, Dalmatia a. O. in: BJ. 171, 1971.
Auch die einzige einigermaßen plausible Koloniegründung, die man für Tiberius angeführt hat, nämlich Emona
(Ljubljana), ist keineswegs sicher belegt, vgl. J. Šašel, RE. Suppl. XI, 1968, 564 f. — Die Lipsiussche Konjektur *Lusoni-
bus* statt *Lingonibus* bei Tac. hist. 1, 78, 1 (über die Bürgerrechtsverleihungen des Otho) ist mit H. Heubner, Kommentar zu Tacitus Historien I, Heidelberg 1963, 162 gegen Sutherland 180 als unnötig abzulehnen.

V VESPASIAN UND DIE VERLEIHUNG
DES LATINISCHEN RECHTS AN „GANZ SPANIEN"

Spanien nahm nach der Erhebung Galbas und dem Abmarsch seiner neuen, aus Spaniern aufgestellten Legion — der späteren Legio VII Gemina[1] kaum mehr Anteil an den Kämpfen des Vierkaiserjahres 68 n. und Vespasian scheint widerstandslos anerkannt worden zu sein[2]. Einige Jahre später verlieh der Kaiser an ganz Spanien das latinische Recht: *universae Hispaniae Vespasianus imperator Augustus iactatum procellis rei publicae Latium tribuit*[3]. Dieser Satz des Plinius ist das einzige Zeugnis, das direkt auf jene einschneidende Maßnahme Bezug nimmt[4]. Ob die Verleihung erfolgte, um die Spanier für ihr Stillhalten im Bürgerkrieg zu belohnen[5], oder was sonst der Grund dafür gewesen ist, läßt sich mit dem bis heute verfügbaren Material kaum klären. Wahrscheinlichster Zeitpunkt der Vergabe des latinischen Rechts ist, wie auch bisher immer vertreten[6], die Censur des Vespasian und Titus im Jahre 73/74 n., da die ersten auf die Verleihung bezüglichen Urkunden im Jahr 75 n. erscheinen[7]; doch ist zu bedenken, daß vergleichbare Vorgänge, nämlich die Latiumverleihungen Caesars an Sizilien[8] und die Neros an die Provinz Alpes Maritimae[9], nicht in Censurjahre fielen,[10] und daß die Weihungen für die Censoren Vespasian und Titus nicht unbedingt einen Dank für die Verleihung des Latium aussprechen müssen (s. u. S. 40f.). Sicherheit über das Datum der Vergabe läßt sich also nicht gewinnen. — Verliehen wurde den Spaniern das später von den Juristen so genannte „kleine latinische Recht", aufgrund dessen die Magistrate der mit diesem Recht ausgezeichneten Städte nach Beendigung ihres Amtsjahres das römische Bürgerrecht erhielten[11]. Über die näheren Einzelheiten dieser Verleihung sind

---

[1] Dio 55, 24, 2

[2] Tac. hist. 2, 86, 4; 2, 97, 1; 3, 44. Vgl. dazu McElderry 53.

[3] Plinius n. h. 3, 30. Die unklare Überlieferung von *iactatum procellis rei publicae* (R a³ bieten *iactatus*; Harduin conjicierte *iactatae; iactatum* in der restlichen Überlieferung) bot Anlaß zu längeren Auseinandersetzungen über den Sinn dieses Passus. Durchgesetzt hat sich zu Recht Hirschfelds Ansicht (Zur Geschichte des latinischen Rechts, Kleine Schriften, Berlin 1913, 294ff.), daß *iactatus*, das sich auf Vespasian beziehen müßte, die Maßnahme als erzwungen bezeichnen würde, was man in einem dem Titus gewidmeten Werk kaum erwarten könne; außerdem wäre hierbei unverständlich, warum eine im Bürgerkrieg erzwungene Maßnahme dann erst so spät in die Tat umgesetzt wurde. *iactatae* würde voraussetzen, daß Spanien im Krieg von 68 größere Schäden erlitt, was aber nicht der Fall gewesen ist. Zu dem allein möglichen *iactatum* erläuterte Mommsen, Stadtrechte 293 Anm. 22, es müsse sich auf die „Staatsumwälzungen" von 68 beziehen — gemeint sind wohl die Tac. hist. 1, 78 (s. o. 36); 3, 55 und öfters belegten Verschleuderungen von Privilegien; vgl. auch McElderry 62f.

[4] Die von McElderry 61f. herangezogenen Parallelstellen werden schon von Braunert, Ius Latii 71, Anm. 18 zurückgewiesen: Aurelius Victor Caes. 9, 8 handelt von der Aufbautätigkeit Vespasians; Josephus c. Apionem 2, 4, 40 bezieht sich ganz allgemein auf die römische Haltung zu der Weitergabe von Bürgerrecht.

[5] Zuletzt vertreten von F. Hampl, Zur römischen Kolonisation in der ausgehenden Republik und dem frühen Prinzipat, Rh. M. 95, 1952, 60; C. Sánchez-Albornoz, Panorama general de la romanización de Hispania, Revista de la Universidad de Buenos Aires s. V, 1, 1956, 55; R. Nierhaus, Nochmals Raecius Gallus und M. Raecius Taurus, MM. 6, 1965, 123f.

[6] So zuletzt Pflaum, Procurateurs I 132 und Braunert, Ius Latii 70.

[7] Vgl. unten 43 Anm. 53.

[8] Cic. Att. 14, 12, 1 vom 22. April 44 v. *Scis quam diligam Siculos . . . multa illis Caesar neque me invito (etsi Latinitas erat non ferenda. Verum tamen —).* Bei der Verleihung des latinischen Rechts in der Transpadana durch Cn. Pompeius Strabo geht aus Asconius' Text (Clark p. 3 = in Pisonem 2—3) nicht hervor, daß alle dortigen Gemeinden zu latinischen Kolonien erhoben wurden.

[9] Tac. ann. 15, 32 zum Jahr 63 n. *eodem anno Caesar nationes Alpium Maritimarum in ius Latii transtulit.*

[10] Die Verleihung des ius honorum an die Gallier durch Claudius erfolgte zwar in dessen Censur (Tac. ann. 11, 23; CIL XIII 1668), aber das geschah in Zusammenhang mit einer lectio senatus, vgl. F. Vittinghoff, Zur Rede d. Kaisers Claudius über die Aufnahme von Galliern in den römischen Senat, Hermes 82, 1954, 348ff.

[11] Lex Salp. 21; Gaius, inst. 1, 96 und die unten Anm. 53 zitierten Inschriften. Über die Ausdehnung dieses Privilegs, d. h. inwieweit die Angehörigen der Magistrate ebenfalls das Bürgerrecht bekamen, vgl. unten S. 49f.

wir recht schlecht unterrichtet. Hauptquelle unseres Wissens sind neben einigen Ehreninschriften die der Zeit Domitians angehörigen Stadtrechte der latinischen Municipien Malaca und Salpensa[12]. Die lex Malacitana ist mit Braunert in die Jahre 81/83 n. zu datieren; bei der lex Salpensana kann der Zeitpunkt ihres Erlasses zwischen Mommsens Ansatz auf 82/84 n. und dem Braunerts (81/83) auf 82/83 festgelegt werden[13]. An diesen Stadtgesetzen nahm auch eine wichtige Neuinterpretation der flavischen Latiumverleihung und des latinischen Rechts überhaupt durch H. Braunert ihren Anfang[14]. Dieser ging von der befremdenden Tatsache aus, daß Salpensa und Malaca erst relativ lange Zeit nach der Verleihung des latinischen Rechts an ganz Spanien mit dem latinischen Stadtrecht ausgestattet wurden[15]. Nach Salp. 26 gab es in Salpensa aber schon, bevor es durch das Stadtstatut als Municipium konstituiert wurde, IIviri, aediles und quaestores. Man nahm bisher seit Mommsen an, diese Beamten seien aufgrund des von den folgenden Kaisern immer wieder erneuerten Verleihungsediktes Vespasians gewählt worden[16]; Braunert weist jedoch nach[17], daß bei Bestimmungen über die städtische Organisation in beiden leges nur auf das vorliegende Gesetz verwiesen wird[18]. Nur in Salp. 22/23, die das Weiterwirken von *potestas, mancipium*, Libertinenpflichten u. ä. trotz des Übergangs einer der beteiligten Personen in die *civitas Romana* betreffen, also rein personenrechtliche Fragen behandeln, wird auch auf die Edikte verwiesen. Braunert schließt daraus, daß diese Edikte auch nur personenrechtlichen, nicht staatsrechtlichen Inhalts sein konnten[19], daß also Vespasian den Spaniern zuerst nur ein persönliches latinisches Recht verliehen habe, ohne über eine neue Organisationsform für ihre Gemeinden zu entscheiden[20]. Die Spanier hätten sich dann freiwillig in römischen Formen organisiert und schließlich sei diese freiwillige Anpassung durch die offizielle römische Anerkennung, die Verleihung von Stadtrecht und Municipaltitel, gekrönt worden[21]. Das lasse sich auch an den Inschriften verfolgen, in denen sich einzelne Gemeinden bei ihrem Dank an die Censoren Vespasian und Titus — offensichtlich für die Verleihung des latinischen Rechts — überhaupt noch nicht als Municipien bezeichneten (wie etwa der

[12] Stadtrecht von Malaca: CIL II 1964; Stadtrecht von Salpensa ib. 1963; beide jetzt nach Riccobono, FIRA I² 202 ff. zu benutzen. Von beiden Gesetzen sind nur Teile erhalten (von dem von Salpensa die §§ 21—29, von dem von Malaca die §§ 51—69).

[13] Mommsen, Stadtrechte 283 f.; Braunert, Ius Latii 70, Anm. 15. Domitian ist in den Gesetzen noch nicht ‚Germanicus‘ genannt, also müssen sie vor Ende 83 n. abgefaßt sein, vgl. dazu jetzt H. Braunert, Zum Chattenkrieg Domitians, BJb. 153, 1953, 97 ff. Da mit Mommsen a. O. die Salp. 22/23 erwähnten Neubürger zu ihrem Amt, durch das sie zu Bürgern wurden, tatsächlich aufgrund von Edikten der Kaiser Vespasian, Titus und Domitian gewählt wurden, muß also zumindest die Wahl in Salpensa noch nach dem Edikt des Domitian erfolgt sein, der am 14. September 81 die Regierung antrat; anders Braunert, Ius Latii a. O. Da die Municipalbeamten ihr Amt am 1. Januar antraten (CIL VIII 6339, 9642; CIL X p. 90; tabula Heracl. 89 ff. = FIRA I² 147), werden ihre Wahlen ähnlich wie in Rom wohl um die Mitte des Jahres stattgefunden haben, vgl. § 98 ff. dieser sogenannten lex Iulia municipalis. Da also die Wahlen für 82 n. schon vor dem Beginn der Regierung des Domitian stattgefunden haben, können die ersten Wahlen „aufgrund des Ediktes Domitians" diejenigen für das Jahr 83 n. gewesen sein, die demnach Mitte 82 stattfanden. Das Stadtgesetz von Salpensa zumindest ist also zwischen Mitte 82 u. Ende 83 zu datieren. Da uns bei der lex Malacitana eine solche Bestimmung nicht erhalten ist, bleibt es hier bei Braunerts Datierung auf 81/83.

[14] Braunert, a. O.

[15] A. O. 70 f.

[16] Salp. 22/23. Wenn im Folgenden von „den Edikten" gesprochen wird, ist immer das Edikt Vespasians gemeint. Titus und Domitian erneuerten das Edikt, doch bedeutete das streng rechtlich ein neues Edikt, vgl. ähnlich das *edictum perpetuum* des Stadtpraetors in Rom, s. F. Schulz, Geschichte der römischen Rechtswissenschaft, Weimar 1961, 149 f. und M. Kaser, Römisches Privatrecht, München 1964³, 16 f.

[17] Braunert a. O. 72 f.

[18] So erscheinen sämtliche Beamte nur *ex hac lege* gewählt, während ein Verweis, daß die vor dem Erlaß des Stadtgesetzes amtierenden Magistrate *ex decreto imperatoris Vespasiani* usw. gewählt waren, fehlt. Aus Salp. 26 gehe auch hervor, daß diese früheren Beamten nicht einmal einen Amtseid zu leisten brauchten (Braunert a. O.).

[19] Braunert a. O. 75.

[20] Für das Vorhandensein von Latinern ohne Gemeindeangehörigkeit scheint für Braunert auch Mal. 53 zu sprechen, wo neben *cives Romani* auch *cives Latini* als incolae erscheinen.

[21] Braunert a. O. 79 f.

pagus Carbula und auch Sabora), oder noch nicht den Beinamen „Flavium" führten (Anticaria, Baesucci, Cisimbrium, Igabrum, Munigua u. a.). Latiumverleihungen würden also nicht eine von der römischen Regierung vorgenommene Neuorganisation der betreffenden Gemeinden darstellen, sondern nur „ein Versprechen der Zentralregierung" beinhalten, „das römische Bürgerrecht denen zuerkennen zu wollen, die sich bereitfanden, in ihren heimatlichen Gemeinden römische Organisationsformen einzuführen und damit von sich aus den Prozeß der Romanisierung vorzutreiben"[22].

Da diese These neben den bisher bekannten, auch terminologisch scharf von einander geschiedenen Gruppen der Kolonien und Municipien mit römischer Organisationsform einerseits und den peregrinen Städten andererseits, deren Verwaltungsaufbau ihnen im ganzen selbst überlassen war, ein bislang noch unbekanntes, vages Zwischenglied von quasi-municipalen Gemeinden einführen würde, soll sie hier genauer untersucht werden. Wir wollen zunächst die einzelnen Belege Braunerts auf ihre Tragfähigkeit überprüfen und dann untersuchen, ob die von ihm herangezogenen Tatsachen mit der bisherigen Theorie[23], wonach latinisches Recht mit seinem Hauptprivileg, der Erlangung des Bürgerrechts *per honorem*, sich nur in offiziell von Seiten der Römer organisierten Gemeinden auswirken konnte, unvereinbar sind.

Braunert stellt mit Recht fest, daß sich die Querverweise in den Stadtgesetzen auf Fragen der städtischen Verwaltung beziehen, die einzigen Rückverweise auf die vorangehenden Edikte aber nur das Personenrecht betreffen. Bei seinem Schluß, diese Edikte hätten also nur das persönliche Recht der Spanier geregelt, übersieht er jedoch m. E., daß die gesamten organisatorischen Folgen dieser Edikte, soweit sie sich auf die einzelnen Gemeinden bezogen, durch die neuen Stadtrechte überholt waren. Verweise auf die vorangehenden Edikte sind hier also nicht zu erwarten. Bei den das Personenrecht angehenden Paragraphen der Stadtgesetze mußte freilich ein solcher Verweis stehen, da hier eine juristische Folge dieser Edikte, daß nämlich die Magistrate das Bürgerrecht erhielten, weiterhin in Kraft blieb, denn die gewesenen Beamten blieben ja römische Bürger, auch nachdem die *edicta principum* durch definitive Stadtgesetze ersetzt worden waren. Die Praxis der Verweise in den Stadtgesetzen gibt also keinen Anlaß dazu, von den bisherigen Annahmen abzugehen.

Unbeweisbar ist auch Braunerts These, die früheren Beamten hätten keinen Amtseid abzulegen brauchen. Aus Salp. 26[24] geht nur hervor, daß sie den Eid auf das neue Stadtrecht sofort nach dessen Erlaß nachzuholen hatten. Die Tatsache, daß sie höchstwahrscheinlich bereits vorher auf die Edikte geschworen hatten, wird dadurch nicht berührt. Auch geht aus Mal. 53 nicht hervor, daß es Latiner gab, die nicht einer bestimmten Gemeinde zugehörten. Die dort genannten *incolae* waren natürlich ebensowenig wie die neben ihnen genannten Römer Bürger von Malaca, sondern verblieben im Bürgerverband ihrer Heimatstadt[25]. Wenn es wirklich ein latinisches Personalrecht gegeben haben sollte, das wie das römische unabhängig von der Rechtsstellung der Heimatgemeinde verliehen werden konnte, ist nicht recht verständlich, warum es mit

---

[22] A. O. 80

[23] Zuletzt dargelegt von Vittinghoff, Stadtrechtsformen 475ff. und P. Romanelli, in: V. Ussani — F. Arnaldi, Guida allo Studio della Civiltà Romana Antica I, Turin 1958, 350.

[24] Salp. 26 *Duovir(i) qui in eo municipio i(ure) d(icundo) p(raesunt), item aediles (qui) in eo municipio sunt, item quaestores qui in eo municipio sunt, eorum quisque in diebus quinq(ue) proxumis post h(anc) l(egem) datam; quique IIvir(i) aediles quaestoresve postea ex h(ac) l(ege) creati erunt, eorum quisque in diebus quinque proxumis, ex quo IIvir aedilis quaestor esse coeperit . . . iuranto pro contione.*

[25] Vittinghoff, Kolonisation 20ff.; vgl. Berger, Dictionary s. v. origo; D. Nörr, origo, RE. Suppl. 10, 1965, 439ff.

einer Ausnahme[26] sonst nie zu Verleihungen des latinischen Rechts an Einzelpersonen oder Personenverbände, sondern immer nur an Gemeinden, Stämme und Provinzen gekommen ist[27]. Ein von der jeweiligen latinischen Gemeinde abgelöstes latinisches Bürgerrecht hätte ja auch des Hauptprivilegs der Latinität entbehrt, denn das römische Bürgerrecht konnte ja — neben Viritan- bzw. Kollektivverleihung oder durch den Dienst in Auxilien — nur über die Magistraturen der als Stadt privilegierten Rechts organisierten Gemeinde erworben werden. Es zeigt sich also zunächst, daß die Stadtrechte selbst keinen Beweis für Braunerts Thesen ergeben und daß uns auch sonst latinisches Recht niemals als reines Personalrecht begegnet, außer bei den nicht in diesen Zusammenhang gehörenden Latini Iuniani.

Weiter ist zu überprüfen, ob die von Braunert angeführten Städte tatsächlich latinisches Recht besaßen, bevor sie als Municipien organisiert waren. Hier ist als erstes zu fragen, ob die kleine südspanische Gemeinde Carbula tatsächlich als *pagus* latinisches Recht verliehen bekam, wie Braunert[28] annimmt. Dieser neigt, wie vor ihm u. a. schon McElderry[29], dazu, jede Weihung einer Stadt zu Ehren Vespasians oder seiner Söhne als Dank für die Verleihung des latinischen Rechts aufzufassen. Da jedoch die Dedikanten von Ehreninschriften, ob Gemeinden oder Einzelpersonen, im allgemeinen den aktuellen Anlaß zur Aufstellung der Inschrift nicht angeben, ist es höchst problematisch, dahinter immer Dankesbezeugungen zu vermuten. Wie eine solche Unterstellung täuschen kann, zeigt ein Vergleich der städtischen Ehreninschriften für Vespasian und Antoninus Pius im CIL II: für Vespasian sind nur 5 städtische Weihungen bekannt, für Pius dagegen 11, obwohl wir von diesem keinerlei „Wohltaten" für Spanien kennen[30]. Selbst wenn solche Inschriften aber Dankesbezeugungen wären, dann stünde immer noch eine breite Skala von möglichen Privilegien und Hilfeleistungen zur Auswahl, durch die der Kaiser Städten entgegenkommen konnte, und für die in solchen Inschriften der Dank hätte bezeugt werden können. Daß mit den Weihungen für Vespasian Dank für das verliehene latinische Recht ausgedrückt worden sein soll, ist im Einzelfall oft nicht auszuschließen, aber doch nur eine Möglichkeit unter vielen. Zu den Inschriften dieser Art gehört auch diejenige, auf die sich Braunert bei Carbula stützt, eine Weihung der *pagani pagi Carbulensis*[31]. Da jedoch der Grund der Weihung nicht genannt wird,

---

[26] Es handelt sich hierbei um die in Britannien (Castlesteads am Hadrianswall) stationierte *cohors II Tungrorum miliaria equitata civium Latinorum* (CIL VII 879, 880, 882, EE. IX 1228, 1230) vgl. zu der Einheit E. Birley, A Note on the Second Cohort of Tungrians, Transactions Cumberland and Westmoreland Antiquarian and Archaeol. Society 35, 1935, 56 ff. und Scherling RE. 7 A, 1948, 1356. Sie ist unter diesem Namen noch 241 n. belegt (VII 882). Die Verleihung des latinischen Rechts an diese Einheit erfolgte wohl ähnlich wie bei der Verleihung des Bürgerrechts an andere Auxiliarverbände wegen besonderer Tapferkeit vor dem Feind und wurde später im Namen weitergeführt, als die ursprünglich mit dem latinischen Recht bedachten Soldaten schon längst aus dem Dienst ausgeschieden waren. Es ist also nicht so, daß nach dieser Verleihung immer nur Latiner in der cohors II Tungrorum gekämpft hätten. Warum speziell dieser Einheit — und nur dieser — latinisches Recht verliehen wurde, bleibt fraglich. Da aber den Soldaten bei der Entlassung sowieso das Bürgerrecht verliehen wurde, waren sie nicht darauf angewiesen, über die Magistraturen einer latinischen Stadt zur civitas Romana zu gelangen. Hier hatte persönliche Latiumverleihung als reine Ehrung also einen gewissen Sinn. Theoretisch vorstellbar wäre, daß die Kohorte aus einer latinischen Gemeinde, nämlich der Tungri, ausgehoben wurde, doch ist uns erstens von einer solchen Privilegierung der Tungri nichts bekannt und zweitens würde man dann im Namen eine Andeutung erwarten, daß diese Tungri ihr latinisches Recht schon beim Eintritt in die cohors besaßen, so wie sich Einheiten, die bereits aus römischen Bürgern rekrutiert wurden, von solchen, denen das Bürgerrecht erst „vor dem Feind" verliehen wurde, durch Zusätze wie *voluntariorum, ingenuorum* o. ä. absetzten.

[27] Die von Mommsen, GS 5, 1908, 411 ff. nur aus dem Namensformen gefolgerte Verleihung des latinischen Rechts an die Flottensoldaten wurde bereits von C. Starr, The Roman Imperial Navy, Cambridge 1960, 71 und Anm. 18 ff. mit sehr erwägenswerten Gründen bezweifelt. Nach D. Kienast, Untersuchungen zu den Kriegsflotten der römischen Kaiserzeit, Bonn 1966, 27 dürfte es sich dabei eher um eine Verleihung des Rechts handeln, römische Namen zu führen.

[28] a. O. 77f.

[29] z. B. a. O. 80.

[30] Vespasian: CIL II 2322, 1610, 1049/50, 5217, 2477; Antoninus Pius: II 1336, 2366, 2517, 3236, 4057, 4494, 4605, 5511, 2381, 3412, 5232.

[31] Carbula (Almodóvar del Rio westl. Córdoba, vgl. jetzt R. Nierhaus, Baedro. Topographische Studien zum Territorium des Conventus Cordubensis in der Mittleren Sierra Morena, MM. 5, 1964, 194) wird von Plinius noch unter die *oppida*

ist es methodisch kaum zulässig, als solchen ohne weiteres die Verleihung des latinischen Rechts anzunehmen. Selbst wenn dies aber zuträfe, könnte man daraus nichts schließen, da Carbula ja *pagus*, d. h. unselbständiger Teil einer Civitas oder eines Municipium war[32]. Da aber bei Bürgerrechts- und Latiumverleihungen anscheinend meistens nicht nur die Bewohner des Hauptortes, des *oppidum*, einer peregrinen Gemeinde, sondern auch die Bewohner des dazugehörigen Landgebietes, eben der verschiedenen pagi, das neue Recht verliehen bekamen, würde man bei Carbula unterstellen dürfen, daß es das von Braunert angenommene Latium nicht allein, sondern zugleich mit der Stadt, in deren Territorium es lag, verliehen bekam. Da wir aber nicht einmal diesen Hauptort, geschweige denn dessen damalige Rechtsstellung kennen, ist uns auch hier jede Folgerung versagt. Bei Sabora (Cañete la Real westl. Antequera), das Braunert nur sehr vorsichtig zur Stützung seiner Theorie anführt[33], kann man gut beobachten, daß der Beiname „Flavium" mit der Latiumverleihung überhaupt nichts zu tun haben braucht und aus ganz anderen Gründen aufgenommen sein kann. Auf einer Bronzetafel ist uns ein Reskript Vespasians vom 29. Juli 77 n. an die Stadt Sabora erhalten[34]. In diesem Brief, der an die IIIIviri und die Dekurionen der Gemeinde gerichtet ist, erlaubt Vespasian den Saborensern die Umsiedlung ihres oppidum in die Ebene und den Wiederaufbau der Stadt unter seinem Namen, da die bisherige Lage (auf einem Hügel, wie bei den meisten indigenen spanischen Siedlungen) für die Stadt wirtschaftliche Nachteile mit sich gebracht hatte[35]. Er bestätigt ihnen die Einkünfte, die ihnen Augustus zugewiesen hatte, und verweist sie wegen neuer Einnahmequellen an den Statthalter. Aus dem Text des Reskriptes geht hervor, daß der Beiname „Flavium" als Dank für die Erlaubnis zur Umsiedlung aufgenommen werden sollte; er hat jedenfalls, soweit wir sehen können, keinerlei Beziehung zu dem von Vespasian den Spaniern verliehenen latinischen Recht. Es bleibt durchaus offen, ob die vom Kaiser angesprochenen IIIIviri und decuriones zu einem etwa erst kurz vorher aufgrund der Latiumverleihung eingerichteten Municipium gehören[36] oder ob das Municipium schon länger bestand. Bei Plinius[37] wird Sabora unter die tributpflichtigen Gemeinden des Konvents Astigi gerechnet. Da die in der naturalis historia erhaltenen Städtelisten Spaniens wohl auf eine Quelle augusteischer Zeit zurückgehen[38], kann Sabora durchaus noch in vorflavischer Zeit zum Stadtrecht gelangt sein. Daß hier 3 Träger der „augusteischen" Tribus Galeria nur einer einzigen Erwähnung der „flavischen" Tribus Quirina gegenüberstehen[39], könnte immerhin eher für eine frühe Gründung sprechen. Jedenfalls besteht keine Ursache, in Sabora unbedingt ein flavisches municipium Latinum zu sehen, da ja auch über Latium oder über Bürgerrecht in dem

---

des Conventus Corduba gezählt (3, 10), war also z. Zt. seiner Quelle noch selbständig. Im Jahr 74 n. errichtete es Vespasian folgende Inschrift (II 2322) IMP CAES VESPASIANO AUG / PONTIF MAX TRIBUNIC POTEST / V IMPERATORI XI PP COS V[des vi] / CENSORI LIBERISQ EIUS / PAGANI PAGI CARBULENSIS. Carbula muß in der Zwischenzeit also seine Selbständigkeit verloren haben.

[32] Dig. 50, 15, 4 pr. und als Illustration hierzu die Alimentarinschrift der Ligures Baebiani CIL IX 1455, vgl. den *pagus Aug(ustus)* in Corduba II 2194 und die *municipes et incolae pagi translucani et pagi suburbani* von Curiga, II 1041, vgl. oben S. 20 f.

[33] Braunert a. O. 76 f., doch 78 als sicher unterstellt.

[34] CIL II 1423 = FIRA I² 422 f.; im CIL von Hübner fälschlich auf 78 n. datiert; die Konsulatsdaten Vespasians haben sich nach Degrassi 22 gegenüber Cagnat 189 um ein Jahr verschoben, so daß jetzt die im Reskript angegebene Titulatur Vespasians für 77 n. in sich stimmt.

[35] CUM MULTIS DIFFICULTATIBUS INFIRMITATEM VESTRAM PREMI INDICETIS PERMITTO VOBIS OPPIDUM SUB NOMINE MEO UT VOLTIS IN PLANUM EXTRUERE. Nach d'Ors, Epigrafía Jurídica 61 scheint es sich jedoch möglicherweise nur um eine Teilumsiedlung gehandelt zu haben, da sowohl auf dem Berg als auch in der Ebene Spuren der Stadt zu finden seien. Über die relative Datierung dieser Überreste, d. h. ob die auf dem Berg gefundenen früher sind als die in der Ebene, ist bei d'Ors nichts gesagt.

[36] So schon Mommsen im Kommentar zu der Inschrift im CIL.

[37] Plin. 3, 12.

[38] Vgl. oben S. 4 f.

[39] Galeria: 1425, 1428, 1431; Quirina: 5450.

6   Galsterer

42

Reskript nicht das Geringste gesagt ist. Die Tatsache, daß der Brief an IIIIviri gerichtet, aber von IIviri veröffentlicht worden ist, sagt nichts über eine in der Zwischenzeit erfolgte Organisationsänderung, da alle flavischen Reskripte, soweit sie an Municipien gerichtet waren, an *IIIIviri et decuriones* adressiert sind[40]. Sabora fällt also für Braunerts Argumentation aus.

Von den weiter bei ihm genannten Städten ist Anticaria (Antequera) nach seinem Beinamen „Sulpicia" eine Gründung des Galba[41]. Daß die Weihung eines IIvirn dieser Stadt für Vespasian vom Jahre 77 n.[42] mit einer Erhebung der Gemeinde zu latinischem Recht zusammenhängt, müßte erst bewiesen werden — ebenso, wie die Weihinschrift aus dem iulisch-augusteischen Bürgermunicipium Felicitas Iulia Olisipo (Lissabon) von 73 n., also noch vor der Latiumverleihung, mit dieser zusammenhängen soll[43]. Die von Braunert angeführte Inschrift für Titus aus Baesucci (Vilches bei Linares) ist vom Rat der Stadt aufgestellt[44], der korrekt mit DD (= *decreto decurionum*) zeichnet. Diese Benennung ist jedoch kein Praejudiz dafür, daß die Stadt zu diesem Zeitpunkt bereits ein latinisches municipium Flavium war, denn einen ordo decurionum konnte es in peregrinen Gemeinden ebenso wie in Städten römischen oder latinischen Rechts geben[45]. Da man außerdem nicht behaupten kann, in bestimmten Gattungen von Inschriften, wie etwa Weihungen für den Kaiser, müsse der volle Titel der Stadt erscheinen, ist hier also auch der weitere Schluß unzutreffend, wenn Baesucci 76 n. schon municipium Flavium gewesen wäre, hätte es diesen Titel auch auf der Inschrift für Titus genannt; da es dies aber nicht getan habe, sei es folglich auch noch nicht Municipium gewesen. Auch bei Baesucci dürfte Braunerts These schwerlich zutreffen.

Bei Munigua (Castillo de la Mulva nordöstl. Sevillas) bieten sich ebenfalls keine Anhaltspunkte dafür, daß zuerst seine Bürger das latinische Personalrecht und erst später der Ort die Eigenschaft eines municipium Flavium bekommen habe. Das municipium Munigua setzte irgendwann nach 81 n. den *divi Vespasianus et Titus* 2 Inschriften[46], in denen die divinisierten Kaiser als Censoren bezeichnet werden. Munigua erscheint auf beiden Inschriften ohne seinen sonst belegten Beinamen „Flavium"[47], was jedoch noch nicht bedeuten muß, daß es diesen Beinamen damals noch nicht führte. Es ist in beiden Inschriften von einer Erhebung zum Municipium oder Verleihung eines Rechtes gar nicht die Rede. Auch braucht der Beiname „Flavium" kein Beweis für flavisches Stadtrecht oder Latium zu sein, wie das Beispiel Saboras zeigte. Danach sind wir zur Klärung der Frage, wann Munigua privilegiertes Recht verliehen bekam, auf andere Urkunden angewiesen. Der *senatus populusque Muniguensis* schloß zu einem nicht näher bestimmten Zeitpunkt einen Hospitiumvertrag mit dem Quaestor pro praetore (wohl der

---

[40] Neben diesem Reskript noch das an die Gemeinde Munigua, vgl. unten, und das des Domitian an die Falerienses CIL IX 5420=FIRA I² 423f.; in Falerio sind sonst nur IIviri belegt. Dagegen ist das Reskript Vespasians an die Vanacini, eine sicher peregrine Gemeinde, an die Magistrate und Senatoren gerichtet: CIL X 8038=FIRA I² 419f. Vgl. Braunert 77 Anm. 40.
[41] Braunert, Ius Latii 80; vgl. oben S. 35f.
[42] CIL II 2041.
[43] Braunert a. O. 77 Anm. 43; die Inschrift aus Olisipo: II 5217, gesetzt dem *Censor designatus* Vespasian, also April bis Ende Juni 73. Olisipo als Bürgermunicipium: Plin. 4, 117; CIL II 176 u. ö.
[44] Braunert 78, Anm. 47; II 3250, 76 n. TIT CAESARI AUG F / VESPASIANO IMP / PONT TRIB POT VI / COS DES VI CEN / SORI D D.
[45] Vgl. die Belege bei G. Mancini, DE II 1515ff. s. v. *decuriones*; in Spanien ist ein ordo auch in dem sicher peregrinen Stamm der Zoelae bekannt (II 5651; *gens Zoelarum* 2633).
[46] II 1049/50; 1051, obwohl ähnlich aufgebaut, dürfte wegen der Bezeichnung res p. *Muniguensium* wohl nicht zu diesen beiden Inschriften gehören.
[47] CIL II 1378; HAE 1562.

Baetica) Sex. Curvius Silvinus[48]. Die beiden Gesandten der Stadt tragen in dem Vertrag römische Namen; das Vorkommen eines Senatus sagt noch nichts über den Rechtsstatus einer Gemeinde aus[49]. Auch hieraus ist also für unsere Frage kein Aufschluß zu gewinnen. Im Jahre 79 n. war Munigua jedenfalls Municipium, wie aus dem neu gefundenen Reskript des Titus[50], das an die *IIIIviri*[51] *et decuriones Muniguensium* gerichtet ist, hervorgeht. Ein Beiname taucht hier ebenfalls nicht auf. Da schließlich die von Hübner auf die Verleihung des Latium bezogene Phrase pro]MOTORI SUI IURIS in einer sonst weitgehend zerstörten Inschrift[52] ebenfalls nicht datiert werden kann, sehen wir uns bei Munigua vor dem selben Ergebnis wie bei Sabora: wir wissen nur, daß beide Städte irgendwann im 1. Jh. Municipien wurden; unter wem aber und mit welchem Recht (latinisch oder römisch), bleibt völlig ungewiß. Es ist also vorderhand unzulässig, Sabora und Munigua heranzuziehen, um die Folgen bzw. Modalitäten der flavischen Latiumverleihung zu zeigen. Es bleiben schließlich an Dokumenten, die sich eindeutig auf die Latiumverleihung beziehen, nur die Inschriften aus Cisimbrium (Zambra) und Igabrum (Cabra, beide bei Lucena) übrig, in denen städtische Magistrate angeben, daß sie das Bürgerrecht über ihr Amt *beneficio imp. Caesaris Aug. Vespasiani* erhalten haben[53]. Die Inschriften sind auf 75 n. bzw. 77 n. datiert und bei beiden erscheint die

[48] AE. 1962, 287 und H. Nesselhauf, Zwei Bronzeurkunden aus Munigua, MM. 1, 1960, 142—54. Nesselhauf 146 ff. interpretiert die letzten Zeilen der Inschrift: EGERUNT / L LUCCEIUS L F MAG / LEG / L OCTAVIUS M F SILVANUS so, daß das nachgestellte MAG bei Lucceius zu *Mag(ister)* oder *Mag(istratus)* und das LEG der nächsten Zeile zu *Leg(atus)* aufzulösen wäre, daß also ein Gemeindemagistrat von Munigua und ein *legatus* ohne städtisches Amt zusammen agiert hätten. Nun sind aber bei den bekannten spanischen Verträgen dieser Art die Legati (wenn es mehrere sind) immer unter einen gemeinsamen Titel gestellt: entweder nur *egerunt* . . . und es folgen die Namen (II 1343, 2633 b, 5792; AE. 1952, 49; 1955, 21; 1957, 317) oder mit einem Amtstitel (II 3695 *praetores*; BolAcadHist. 1966, 150 ff. *mag[istri]*). Wo in den Urkunden *mag(istri)* oder *mag(istratus)* erscheinen (2633 a, 5763; AE. 1961, 96; BolAcadHist. 1966 a. O.), handelt es sich immer um Inschriften aus dem nordwestlichen, im 1. Jh. noch ziemlich barbarischen Teil der Tarraconensis, und die Namen der Beteiligten zeigen, daß es sich noch um völlig unromanisierte, peregrine Orte handelte. *Magistri* und *magistratus* in dieser Bedeutung sind in der Baetica epigraphisch überhaupt nicht belegt. Störend ist an Nesselhaufs Interpretation auch, daß der Titel bei Lucceius nachgestellt, bei Octavius aber vorgezogen wäre, ebenso, daß Lucceius ohne Cognomen, Octavius aber mit einem solchen erscheinen würde. Es wäre m. E. einfacher, das MAG zu einem Cognomen wie etwa *Magnus* aufzulösen (obwohl es seltsam bleibt, daß der Beiname dann trotz vorhandenen Platzes nicht ausgeschrieben wurde; vergleichbare Abkürzung des Cognomens, wenn auch in weniger hochoffiziellem Zusammenhang: II 1379, 2636) und das zwischen den beiden Namen stehende LEG als *leg(ati)* auf beide Männer zu beziehen (vgl. etwa II 1340, wo *IIviri* ähnlich zwischen 2 Namen steht, wenn auch nach Fastenart zur Seite gerückt, und I² 2439 = Degrassi ILLRP I 167: C SAUFEIO [s] C F / SABINI / C ORCEVIO [s] M F, wo das beiden gemeinsame Cognomen in die Mitte zwischen beide Namen gerückt ist). Da damit auch Lucceius ein Cognomen hätte, könnte man nicht wie Nesselhauf 148 aus dem Fehlen des Cognomens auf eine Abfassungszeit vor etwa 40 n. schließen. Da weiterhin die Verwandtschaft des Quaestors Curvius Silvinus mit den Adoptivsöhnen des Cn. Domitius Afer (cos. 39) nicht genau festzustellen ist (vgl. E. Groag, PIR² III 49 nr. 152), ist damit jeder Beleg zur Datierung verloren, außer daß man aus paläographischen Gesichtspunkten kaum vor Augustus zurückgehen kann. Alföldy 182 f. datiert die Quaestur des Curvius Silvinus unter Augustus oder Tiberius.
[49] Vgl. unten S. 51 ff.
[50] AE. 1962, 288.
[51] Daß im Reskript IIIIviri genannt sind, während sonst nur ein IIvir der Stadt bekannt ist (II 1378), bietet keinen Anstoß, vgl. oben S. 42.
[52] II 1052. Die „Rechtsvermehrung" kann sich natürlich auch auf alles andere als das latinische Recht bezogen haben. Da wir den Dedikanten der Inschrift nicht kennen, könnte es auch die Weihung eines Privatmannes etwa für die Verleihung des Bürgerrechtes sein.
[53] Igabrum: CIL II 1610, 75 n., APOLLINI AUG / MUNICIP[es] IGABRENSES / BENEFICIO / IMP CAESARIS AUG VESPASIANI / C R C CUM SUIS P[er honore]M / VESPASIANO VI COS / M AELIUS M FIL / NIGER AED / D D, vgl. in Igabrum auch 1631 und 1635.
Cisimbrium: 2096 in der Ergänzung Hübners (die Inschrift ist sehr fehlerhaft und unvollständig überliefert): [m(unicipes)] M(unicipi) BENE[ficio] / IMP CA[es]ARIS AUG VES / [pa]SIANI [et ti]TI CAESARIS AUG / [fil] VI C[o]S C R[omanam] / [co]NS CUM [s]U[is] O[mnibu]S / PER HON IIV [i]R /. VALERIUS L F QUIR RUFUS / S P D D. Hübner datiert die Inschrift in das Jahr 75 n. und bezieht die Konsulatsangabe VI C[o]S in Zeile 4 auf Vespasian. Es dürfte jedoch einfacher sein, in Zeile 3 hinter der Nennung Vespasians die Angabe „VIII" zu ergänzen und die Konsulatszahl „VI" auf Titus zu beziehen. Damit ergäbe sich eine Datierung in das Jahr 77 n.
Selbst bei diesen Inschriften könnte man bezweifeln, ob es sich tatsächlich um die flavische Latiumverleihung gehandelt hat (weder bei Igabrum noch bei Cisimbrium ist uns übrigens bekannt, ob sie den Beinamen „Flavium" führten): Neubürger *per honores* bekamen zweifellos ebenso wie Auxiliarsoldaten und Bürger, die ihre Civitas durch Viritanverleihung des Kaisers erhielten, eine Urkunde, ein *diploma* (vgl. etwa Sueton Gaius 38, 1 und Nero 12, 1). Diese Urkunde war ebenso zweifelsfrei im Namen des regierenden Kaisers ausgestellt und nicht im Namen des möglicherweise

Gemeinde bereits als Municipium[54]. Nach Braunerts These hätten sich diese beiden Städte also ganz ungewöhnlich schnell romanisieren müssen, daß sie bereits so kurz nach der Verleihung des latinischen Rechts das Municipalstatut erhalten hatten. Das erscheint bei so unbedeutenden und abgelegenen Orten wenig wahrscheinlich, wenn man dagegen die reiche Handelsstadt[55] Malaca sieht, die bis zur Romanisierung fast 10 Jahre hätte brauchen sollen.

Braunerts These wird also zumindest durch das spanische Material nicht gestützt und man ist auf andere Wege angewiesen, wenn man erkennen will, wie die Verleihung des latinischen Rechts im einzelnen vor sich gegangen ist.

Von den früheren Latiumschenkungen an Sizilien und an die Alpes Maritimae[56] sind uns leider keine Einzelheiten bekannt, so daß wir auch keine Analogien dazu in Spanien suchen können. Auch über die latinischen Koloniegründungen des Pompeius Strabo in der Gallia Cisalpina sind wir nur sehr unvollständig unterrichtet. Die einzige uns durch republikanische Quellenzeugnisse etwas näher bekannte Maßnahme dieser Art ist die Aufnahme aller Italiker in die römische Bürgerschaft im Verlauf des Bundesgenossenkrieges. Hierzu lassen sich denn auch in Spanien gewisse verwandte Erscheinungen aufzeigen:

Eine bislang noch unausgeschöpfte Möglichkeit, das Vorgehen der römischen Behörden in Spanien nach dem Edikt von 73/74 n. zu erkennen, scheint mir nämlich in der lex Salp. 26 gegeben zu sein. Es wird dort bestimmt, daß die bisher (wohl aufgrund des Ediktes der Kaiser Vespasian, Titus und Domitian) amtierenden Magistrate den Amtseid auf das neue Stadtgesetz binnen 5 Tagen nachholen müssen[57]. Die Formel *post hanc legem datam* kann aber nach der normalen Praxis römischer Gesetzestexte nur das Datum der Ausstellung des Gesetzes meinen, nicht den Zeitpunkt, als das Gesetz in Salpensa bekannt wurde. Nur für in Rom, d. h. dem Ort der Gesetzgebung, anwesende Magistrate usw. gilt es nämlich, wenn in Gesetzen ein bestimmter Zeitpunkt nach der Verabschiedung des Gesetzes festgelegt wurde[58]. Wenn die betreffende Bestimmung jedoch für Beamte außerhalb Roms gelten sollte, wird das mit „so und so viele Tage, nachdem sie vom Erlaß des Gesetzes vernommen haben" ausgedrückt[59], da nicht einzuplanen war, wie schnell eine bestimmte Vorschrift in die italischen Städte oder in die Provinzen gelangte. Der Ausdruck *post hanc legem datam* geht sichtlich parallel mit *post hanc legem rogatam* bzw. *post hoc SC factum*, kann also nur ein bestimmtes Datum nach der Verabschiedung des Gesetzes meinen. Da das Gesetz aber selbst im günstigsten Falle nicht in 5 Tagen von Rom nach Salpensa gelangen konnte, so daß die Beamten nach Salp. 26 „5 Tage nach Verabschiedung des Gesetzes" ihren Diensteid hätten

schon lange verstorbenen Kaisers, der der betreffenden Gemeinde das latinische Recht verliehen hatte. Cisimbrium wird bei Plin. 3, 10 *oppidum* genannt, Igabrum erscheint bei ihm überhaupt nicht. Beides wäre durchaus mit der Annahme, es seien latinische Municipien früherer Zeit, zu vereinen (vgl. oben S. 5). Die Neubürger der Jahre 75 und 77 n. hätten dann trotzdem ihr Bürgerrecht *beneficio imp. Caesaris Aug. Vespasiani* erhalten, da von diesem ja die Urkunde darüber stammte.

[54] Im Gegensatz zu manchen anderen Fällen ist *municipes* hier als terminus technicus aufzufassen.
[55] So Strabo 3, 4, 2.
[56] Vgl. oben S. 37 Anm. 8 und 9.
[57] Salp. 26, zitiert oben Anm. 24. Vgl. zu dem Eid der stadtrömischen Beamten auf die Gesetze binnen 5 Tagen nach ihrer Amtsübernahme Mommsen, St.-R. I 620 ff.; E. Meyer, Staat und Staatsgedanke, 1964³, 151.
[58] *Post hanc legem rogatam* in der lex Acilia de repetundis (FIRA I² 89) 15 und in der lex agraria (ib. 102 ff.) passim, statt *post hanc legem latam*, wie in den anderen Gesetzen. Da jedoch der Rogatio eines Gesetzes stets unmittelbar die Abstimmung folgte, ist hier kein zeitlicher Unterschied zwischen beiden gegeben. Solche Angaben für in Rom befindliche Beamte stehen in § 12 der lex Acilia (a. O.) für den *praetor peregrinus*, in §§ 11 ff. der lex de piratis persequendis (FIRA I² 127 f.) für alle Magistrate in Rom; vgl. auch im SC de aquaeductis von 11 v. (ib. 277) für die stadtrömischen curatores aquarum: *eos diebus X proximis, quibus SC factum esset . . .*
[59] So in der lex de piratis persequendis (a. O.) 8 ff. für die Statthalter von Asia und Macedonia; in der sog. lex Iulia municipalis (FIRA I² 151) 144 und im SC de Bacchanalibus (ib. 241) 29 f. für die Behörden italischer Städte.

ablegen können, kann das Gesetz nicht in Rom erlassen worden sein. Anderenfalls wäre diese Bestimmung sinnlos, denn die Annahme, daß sämtliche Beamten von Salpensa nach Rom reisten, um dort ihr Stadtrecht in Empfang zu nehmen und gleichzeitig ihren Diensteid abzulegen, wird durch die Verpflichtung, den Amtseid *pro contione*, also in Salpensa selbst abzulegen, unmöglich gemacht. Bei der Annahme, das Stadtgesetz sei am Sitz des Statthalters, in diesem Fall also in Corduba, abgefaßt worden, stößt man auf dieselbe Schwierigkeit: eine Beförderung des Gesetzes wäre wohl in 5 Tagen von Corduba nach Salpensa möglich gewesen, aber der auf juristische Sicherheit bedachte Sinn der Römer hätte hier wohl auch die Formel „nachdem sie davon erfahren haben", wie sie auch im SC de Bacchanalibus für die italischen Städte gebraucht wird, vorgezogen. Sinnvoll ist offensichtlich die Bestimmung Salp. 26 nur dann, wenn das Gesetz in Salpensa selbst abgefaßt, „gegeben" wurde. Eine Abfassung ohne jede römische Mitwirkung ist unvorstellbar. Da aber wohl der Statthalter selbst nicht die Zeit dazu hatte, in der Provinz herumzureisen und für die neuen Städte die Stadtgesetze zusammenzustellen, ist es am wahrscheinlichsten, daß diese Arbeit Kommissaren oder Kommissionen anvertraut wurde. Es wäre dies genau die gleiche Art, in der neue Kolonien und Municipien eingerichtet wurden, wobei das *leges dare* dem Deduktor bzw. Constitutor anvertraut war, wie wir sie von Urso[60] und Fundi[61] kennen. Freilich wäre der Gesetzgeber jetzt nicht durch Volksbeschluß, sondern durch Delegation des Kaisers zu seiner Aufgabe ermächtigt worden. Es wurde bisher angenommen, daß solche *leges datae* in der Kaiserzeit nur vom Kaiser ausgestellt werden konnten[62], doch scheint das eine Folgerung aus der Annahme zu sein, daß die Stadtgesetze in Rom „gegeben" wurden. Diese Einschaltung von Beauftragten des Kaisers dürfte auch das einzig Vernünftige gewesen sein. In den Stadtgesetzen waren ja neben den uns erhaltenen Partien über die Beamtenorganisation und Befugnisse der Magistrate, die nach dem inschriftlichen Befund ziemlich überall übereinstimmten[63], auch Einzelheiten über das Territorium der Städte festgelegt[64]. Ebenso waren die Feste in den Gemeinden verschieden geregelt[65], was, da die Spiele zu Ehren der verschiedenen Gottheiten ja von den städtischen Beamten und Priestern abgehalten wurden, wohl auch in dem Stadtstatut erschien. Vor allem aber waren in den Stadtgesetzen die Einzelbestimmungen, Privilegien usw., die bis zur Abfassung des Stadtgesetzes für die Gemeinde erlassen worden waren, eingearbeitet[66]. Möglicherweise hängt mit solchen im Stadtgesetz neu verankerten alten Privilegien das Auftauchen von Beinamen wie „Liberum" oder „Foederatum" bei manchen privilegierten Gemeinden zusammen[67]. — Bei all diesen Verschiedenheiten war es am ein-

[60] Lex Ursonensis 66 (FIRA 181) *C. Caesar quive iussu eius colon(iam) deduxerit.* Es handelt sich um die Ernennung der ersten Priestercollegia durch den Deduktor, wie aus der von Rullus vorgeschlagenen Kolonie bei Cicero leg. agr. 2, 96 bekannt.

[61] Tab. Heracl. 159 ff. (FIRA 151) *Quei lege pl(ebeive) sc(ito) permissus est fuit, utei leges in municipio Fundano municipibusve eius municipi daret . . .*

[62] Mommsen, Staatsrecht II 889f. und GS I 287ff.; Hardy, Three Spanish Charters 21; Berger, Dictionary 545. Zur Abfassung der Municipalgesetze in republikanischer Zeit vgl. jetzt W. M. Frederiksen, The Republican Municipal Laws: Errors and Drafts, JRS. 55, 1965, 189.

[63] Mommsen, GS I 291.

[64] Sic. Flacc. condic. agr. 163 L *de quibus, id est territoriis, si quando quaestio movetur, respiciuntur leges civitatibus datae, id est coloniis municipiisque et praefecturis.*

[65] Festus 146 L s. v. *municipalia sacra;* Dio v. Prusa or. 40, 10.

[66] Hygin., condic. agr. 118 L *ergo omnium coloniarum municipiorumque leges semper respiciendae erunt, itemque exquirendum, numquid post legem datam aliquid, ut supra dixi, commentariis aut epistulis aut edictis adiectum est aut ablatum.* Hygin spricht hier zwar nur vom Bodenrecht, das ihn allein interessiert, aber man wird das wohl verallgemeinern dürfen. Da er nur die nach dem Stadtgesetz erlassenen Edikte usw. heranziehen will, muß man annehmen, daß die vorher erlassenen im Stadtrecht mit verarbeitet waren.

[67] Z. B. bei dem municipium Flavium Liberum Singilia in Spanien, CIL II 2021, 2025 und bei der colonia Pia Flavia Constans Emerita Helvetiorum Foederata Aventicum in Germania Superior, CIL XIII 5089; vgl. B. Galsterer-Kröll, 62f., 111; in der gleichen Richtung Schönbauer, Municipia und Coloniae 29 ff.

46

fachsten, daß ein mit der Abfassung der Gesetze betrauter Kommissar (oder eine Kommission) von Stadt zu Stadt zog, um an Ort und Stelle unter Verwendung des städtischen Archivs zu arbeiten.

Nachdem im Vorangehenden versucht wurde, soweit wie möglich zu klären, wie die Latiumverleihung vor sich ging, soll im Folgenden ihr Umfang untersucht werden. Nach Plinius 3, 30 verlieh Vespasian *universae Hispaniae*, ganz Spanien also, das latinische Recht. Das ist in dieser allgemeinen Form unrichtig, da den schon privilegierten Städten, also Municipien und Kolonien latinischen oder römischen Rechts, das ius Latii nicht mehr verliehen werden konnte. Plinius ist also so zu verstehen, daß alle bisher noch peregrinen Gemeinden nunmehr in das latinische Recht überführt werden sollten. Das würde aber bedeuten, wie oben gesagt, daß alle diese Orte in Municipien latinischen Rechts umgewandelt wurden. Es soll nunmehr untersucht werden, ob das nach der inschriftlichen Überlieferung tatsächlich der Fall gewesen ist.

McElderry[68] stellt 2 Kriterien auf, nach denen sich diese neuen latinischen Städte erkennen lassen sollen: am Beinamen „Flavium" und an der Tribus Quirina. Beide Kennzeichen sind jedoch nicht absolut sicher: wie bei Sabora gezeigt, braucht der Beiname „Flavium" nicht in jedem Fall die Verleihung des latinischen Rechts vorauszusetzen, sondern kann auch für andere Gnadenerweise des Kaisers aufgenommen worden sein. Die Tribus Quirina geht zwar sicher in der Mehrzahl der Fälle auf das flavische Latium zurück[69], doch ist bei der starken Binnenwanderung gerade bei kleinen Orten wie bei den meisten neuen municipia Flavia, aus denen nur wenige Tribusangaben vorliegen, eine erhebliche Fehlerquelle gegeben[70]. Rechnet man solche unsicheren Zuweisungen ab und überträgt die „neuen" latinischen Städte auf eine Karte, so stellt man fest, daß die überwiegende Zahl in den schon seit langem romanisierten Gebieten der Baetica und des südöstlichen Teils der Tarraconensis liegt. In der Lusitania sind nur 3 aus flavischer Zeit stammende Municipien festzustellen[71]: Mirobriga[72], Tru[t]obriga[73]

---

[68] McElderry 68.

[69] In gewissem Umfang muß man mit claudischer und neronischer Viritanverleihung in der Tribus Quirina rechnen, vgl. CIL II 159 P CORNELIO Q(uir) MACRO VIRITIM A DIVO CLAUDIO CIVITATE DONATO. Auch ist bei der beträchtlichen Zahl spanischer Auxiliarverbände mit einer größeren Menge von Neubürgern zu rechnen, die zwischen Claudius und den Flaviern das Bürgerrecht durch Militärdienst erhielten.

[70] In den municipia Flavia Baesucci, Egara und Laminium ist jeweils nur eine Tribusangabe, nämlich die „augusteische" Tribus Galeria, überliefert (II 3263, 4495, 3230). Nur aus den Angaben der Tribus müßte man also eine vorflavische Gründung vermuten. Andererseits ist bei einer unzweifelhaft iulisch-augusteischen Gründung wie Osset (vgl. oben S. 20f.) nur eine Tribusangabe, *Quirina*, überliefert (II 1258); in Salpensa selbst steht neben einmal *Quirina* (II 1286) auch einmal *Galeria* (1282, 1283 von demselben Mann). Schlüsse aus Tribusangaben sind also nur sehr vorsichtig zu gebrauchen. Gleiches gilt auch für Henderson, JRS. 1942, 7/8 :„Any town, therefore, which can show a magistrate of the tribus Galeria, must have got its municipal charter during or before the principate of Augustus".

[71] Zu den *municipia provinciae Lusitaniae* der wahrscheinlich falschen Inschrift II 760 vgl. unten S. 62ff.

[72] Mirobriga: (Santiago do Caçem in Extremadura) ist nur durch II 25: M F M als M(unicipium) F(lavium) M(irobriga) belegt. Daß in Santiago *Mirobriga Celtici* (Plin. 4, 118) und nicht *Merobriga* (ib. 4, 116) lag, wie Hübner CIL II p. 5 meinte, wird durch die von F. de Almeida, Ruinas de Miróbriga dos Celticos (Santiago do Caçem), Edição da Junta distrital de Setubal 1964, 15ff. veröffentlichte Inschrift D M S / C PORCIUS SEVE / RUS MIROBRIGEN / CELT ... (4 km von Santiago entfernt gefunden) und Inschriftenreste mit MIRO bzw. MIRB(sic!) gesichert.

[73] Trutobriga: die Stadt ist uns nur aus der in S. Thomas das Lamas im Bezirk Cadaval (nördl. Santarem) gefundene Weihung für Mark Aurel oder Verus (EE VIII 518, nr. 301) bekannt: ... divi traiani parthi] CI PRONEPOTI DIVI NER / [vae ab] NEPOTI T FL FLAV TRU / [t] OB PER C IULIUM TAURU / M M MALLONIUM MARCIO / [n]EM NUM PLAETOR[iu]M M .. /...M ET M IUL TAURUM. Wie man sieht, ist der Ortsname „Trutobriga" selbst nicht gesichert: daß das B von TRU[t]OB für — briga steht, ist zwar aus der Analogie zu den vielen anderen Ortsnamen auf — briga wahrscheinlich, das am Beginn der Zeile ergänzte [t] ist jedoch ganz willkürlich gesetzt. Die Stadt könnte ebensogut Tru(s)obriga oder Tru(m)obriga geheißen haben. — Das unverständliche T FL FLAV vor dem Namen der Stadt verbesserte Hübner zu FEL FLAV, eine epigraphisch sehr leicht mögliche Verbesserung. Er schlug auch vor, in den 4 Männern, die die Inschrift im Auftrag der Stadt errichteten, IIIIviri zu sehen. Beides ist jedoch sehr unsicher, da flavische Municipien in Spanien nie einen weiteren Beinamen (wie etwa „Felix") führen und da uns IIIIviri in flavischen Städten sonst nur in Sabora und Munigua begegnen, wo diese Titel auf die kaiserliche Kanzlei zurückgehen (vgl. oben S. 42). Solange nicht weiteres Material vorliegt, kann über Rechtstellung und Namen von Trutobriga nicht entschieden werden.

und Ammaia[74]. Alle drei liegen im südlichen Portugal, also in einem Gebiet, das schon seit Caesar mit römischem Städtewesen bekannt geworden war.

Im nordwestlichen Teil der Tarraconensis — d. h. in den 4 Konventen Asturica, Bracara, Clunia und Lucus — ist als einziges möglicherweise flavisches Municipium Aquae Flaviae (Chaves) im Konvent von Bracara Augusta nachzuweisen[75]. In den schon vor Vespasian stark romanisierten und municipalisierten Gebieten der Baetica und der Tarraconensis hingegen gibt es ganze Ballungen von Municipia Flavia: nördlich von Sevilla am Guadalquivir auf engstem Raum zusammenliegend Arva[76], Axati, Canama, Munigua und Naeva[77]; bei Linares im Westen der Tarraconensis Aurgi, Baesucci, Tugia, Vivatia und etwas entfernter Laminium[78]; auf den Balearen Ebusus, Iamo und Mago[79] und in Katalonien Egara und Rhode[80].

Dieses Ergebnis spricht nicht für die Verleihung an „ganz Spanien“, von der Plinius berichtet, denn dann müßte man ja besonders in den bisher noch nicht städtisch geordneten Gebieten Nordwestspaniens das Entstehen flavischer Municipien beobachten können[81]. Zwar ist die inschriftliche Überlieferung für diese Gebiete erheblich schlechter

---

[74] Ammaia (Aramenha bei Portalegre) ist nach CIL II 158 im Jahre 161 n. als Municipium belegt. Der bereits oben 46 Anm. 69 genannte P. Cornelius Macer, dem Claudius viritim das Bürgerrecht verlieh, war auch quaestor und IIvir, wohl in seiner Heimatstadt. Die Gemeinde mußte also zu diesem Zeitpunkt bereits privilegierten Status erreicht haben. Unter Claudius war Ammaia jedoch noch civitas, wenn die von Leite de Vasconcelos (nach F. Russell Cortez, A localização dos Meidobrigenses, Zephyrus 4, 1953, 503 ff.) gefundene Inschrift aus Aramenha TI CLAUDIO / CAESARI AUG / GERMANICO IMP III / PONT MAX TRIB POT / IIII COS III DESIG IIII / CIVITAS AMMAIENSIS / EX VOTO ANNUO / L CALVENTIO VETERE / CARMINIO LEG / TIB CLAUDI CAESARIS AUG / PROCULO PISIRI F / OMUNCIONE CILAI F (vgl. E. Groag, PIR II² 102 nr. 428) echt ist. Die Zeitangaben der Inschrift gehen ziemlich auseinander: Claudius war imp. III 41/42 n., seine trib. pot. IIII fällt aber in die Zeit vom 25. 1. 44 bis 24. 1. 45. Solche Fehler können aber durchaus zu Lasten des Steinmetzen gehen. Groag a. O. hält den Stein für echt und datiert ihn auf 44/45 n. — Die Erhebung Ammaias zum Municipium muß also zwischen dem Beginn der Regierung des Claudius und der Vespasians liegen, wenn der unter Claudius zum Bürgerrecht gelangte Cornelius Macer noch quaestor und IIvir gewesen sein soll. Eine gewisse Wahrscheinlichkeit besteht also für die Annahme, Ammaia habe das flavische Latium bekommen, mehr nicht.

[75] F. Russell Cortez, Lapidas Romanas do Museu de Chaves, Viriatis 1, 1957, 99 ff. (Fasti Archaeologici 14, 1959, 4664) veröffentlichte folgende Inschrift: [conc]ORDIAE / MUNICIPI / AQUIFLAVIE / L VALERIUS / LONGINUS / DE SUO. In einer gemeinsamen Weihung mehrerer Städte von 79 n. (II 2477) wird Aquae Flaviae noch als civitas genannt und in einer Brückenbauinschrift von 103 n. (II 2478) ist zumindest kein Hinweis auf einen municipalen Rang enthalten. Die Datierung der Verleihung des gehobenen Rechts beruht hier ganz auf dem Namen „Flaviae“. Es ist jedoch sehr gut möglich, vielleicht sogar wahrscheinlich daß der Ort Aquae Flaviae unter den Flaviern zwar gegründet oder aus einem anderen Grund mit seinem Beinamen versehen wurde, das Stadtrecht aber erst später erhalten hat, wie das bei Pompaelo und Graccurris der Fall war (vgl. oben S.13 f.). — In der Chronik des Hydatius (MG AA, Chronica Minora ed Th. Mommsen II, 1894, p. 35 cap. 253) ist zum Jahre 468 n. Chr. in flumine Minio de municipio Lais miliario ferme quinto eine Wundererscheinung mitgeteilt. Gegen F. López Cuevillas, El municipio de Lais, Boletín de la Comisión de Monumentos de Orense 18, 1956, 190 ff.) wird man jedoch kaum annehmen, daß das sonst völlig unbekannte Lais tatsächlich ein Municipium war, sondern eher dem späten Autor eine ungenaue Terminologie zutrauen dürfen.

[76] II 1064 ff.; in II 1180 ist mit H. Nesselhauf, Sextus Iulius Possessor, MM. 5, 1964, 180 ff. und gegen C. Daicoviciu, Hispano-Dacica, Arh. Vestnik 19, 1968, 23 ff. in Z. 4/5 mit Sicherheit CURATORI CIVITATIS ROMULENSIUM MALVENSIUM (gegen Hübners CIVITATIS ROMULENSIUM M ARVENSIUM) zu lesen. Die Inschrift bezieht sich nicht auf Romula-Hispalis in Spanien, sondern auf die Kolonie Romula in Dakien und stützt deren Identität mit der bisher unlokalisierten, ebenfalls dakischen Kolonie Malva, vgl. zuletzt F. Vittinghoff, War die Kolonie Malva mit Romula (Reșca) identisch?, Acta Musei Napocensis 6, 1969, 131 ff.

[77] Axati: II 1055; Canama: 1074; Munigua: vgl. oben S. 42 f.; Naeva: AE. 1958, 39.

[78] Aurgi: II 3362/63; Baesucci, Laminium, Tugia, Vivatia: II 3251/52.

[79] Ebusus: II 3663; Iamo: 4538; Mago: 3708.

[80] Egara: II 4494; CIL VIII 1148 aus Carthago, wo in Z. 5 munici]PI FLR HODINOR steht, wurde wohl zuerst von Hübner CIL II p. 988 auf Rhode in Spanien bezogen. Es für Rhodos in Anspruch zu nehmen, wie der Herausgeber von CIL VIII vorschlug, ist unmöglich, da es im griechisch sprechenden Osten keine Municipien gab, vgl. Vittinghoff, Kolonisation 38. Rhode war früher Emporiae unterstellt gewesen, vgl. Strabo 3, 4, 8.

[81] Im Gebiet der Astures wurden noch unter Traian „symmachiarii“, d. h. ad hoc zum Dakerkrieg gebildete Hilfstruppen ausgehoben (AE. 1926, 88, vgl. H. Dessau, Klio 20, 1926, 227 und weitere Literatur bei F. Diego Santos, Epigrafía Romana de Asturias, Oviedo 1959, nr. 22). Symmachiarii sind epigraphisch sonst nirgends genannt, werden jedoch bei Arrian und in der Lagerordnung des Pseudo-Hygin erwähnt, vgl. Mommsen, Die römischen Provinzialmilizen, GS VI, Berlin 1910, 145 ff. und zuletzt H. Callies, Die fremden Truppen im römischen Heer des Prinzipats und die sog. nationalen Numeri, 45. BRGK 1964, 171. Aus diesem Vorkommen von asturischen Symmachiarii unter Traian ist jedoch noch nicht ohne weiteres auf mangelnde Urbanisierung und minderes Recht der Astures zu schließen, da ähnliche Verbände auch aus den — latinischen! — Gemeinden Noricums und der Alpes Maritimae bekannt sind, vgl. Callies a. O. 170.

als für den Süden und Osten des Landes, aber gemessen an der weitaus geringeren Besiedlung nicht so schlecht, daß sie das fast völlige Fehlen von Spuren städtischer Organisation erklären würde[82]. Geht man von Braunerts Annahme einer langsamen, freiwilligen Romanisierung aus, die dann zur Verleihung von Stadtrecht geführt hätte, so wäre zwar einzusehen, daß diese kulturell und auch politisch unterentwickelten Gebiete[83] die Municipalisierung nicht so schnell durchführen konnten wie der Süden und Osten der Halbinsel, daß sie also statt 10 Jahren wie in der Baetica vielleicht 50 Jahre gebraucht hätten; im Laufe des 2. Jahrhunderts müßte man dann allerdings erwarten, daß die eine oder andere Stadt ein Municipium geworden wäre und daß Spuren einer Verleihung des Municipaltitels zu finden wären, also wenigstens gelegentlich ein von einem späteren Kaiser verliehener Beiname wie „Ulpium" oder „Aelium" begegnete. Das ist aber eindeutig nicht der Fall[84]. Von einer langsamen Romanisierung im Sinne Braunerts läßt sich also ebenfalls wenig feststellen. So muß man die Vorfrage stellen, wieweit Plinius bei seiner Feststellung, das latinische Recht sei „ganz Spanien" gegeben worden, zu vertrauen ist. Dieser war zwar zu Beginn der 70er Jahre Procurator der Hispania Tarraconensis[85], hatte aber höchstwahrscheinlich die Provinz bereits verlassen, bevor die Folgen der Latiumverleihung im einzelnen erkennbar wurden[86]. Die Angaben über die spanischen Städte, die er in seiner naturalis historia bringt, stammen vollständig aus augusteischer Zeit mit der einzigen Ausnahme von Flaviobriga, das er als neugegründete Kolonie nennt[87]. Da diese Koloniegründung jedoch möglicherweise in die Zeit seines Aufenthaltes in Spanien (wenn sie gleichzeitig mit der in Icosium geschah) und sicher in seinen Zuständigkeitsbereich fiel, mag er deshalb von seiner sonst geübten Praxis abgegangen sein. Die Vergabe des latinischen Rechts übersah er jedenfalls in ihren Auswirkungen nicht, da er sie nur einmal sehr nebenbei nennt und sonst nur ganz allgemein die Städte, die schon vor Vespasian latinisches Recht besaßen, pauschal als Gemeinden *veteris Lati* oder *Latio antiquitus donata* den neuen latinischen Municipien gegenüberstellt[88]. Plinius' Notiz muß also nicht unbedingt richtig sein. Eine Entscheidung ist uns freilich nicht möglich: wir können nur feststellen, daß nach dem inschriftlichen Befund municipia Flavia nicht in ganz Spanien, sondern nur in den bereits vorher municipalisierten Gebieten entstanden.

---

[82] A. d'Ors, Epigrafía Romana de Hispania, 1957, 390: „El resultado mas elocuente de toda la epigrafía galaica es el hecho negativo de la total ausencia de toda institución municipal", fährt dann freilich fort „lo que no obliga a pensar, no obstante, que aquella región no se beneficiara del ius Latii concedido por Vespasiano a toda España".

[83] Im 1. u. 2. Jh. n. war nur noch in diesen Gebieten die Organisation nach Stämmen, gentes, erhalten geblieben, vgl. die Übersicht CIL II p. 1161. Selbst Bewohner von Städten bezeichnen sich noch als Angehörige einer gens: *Iuliobrigensis ex gente Cantabrorum* II 4192; *Intercatiensis ex gente Vaccaeorum* 4233.

[84] Nur bei der Gemeinde der Limici im äußersten Nordwesten Spaniens (um Jinzo de Limia), die 132 n. und 141 n. in Weihungen für den Kaiser sich noch als Civitas bezeichnete (II 2516f.) und für die aus Tarraco ein undatierter IIvir bezeugt ist (II 4215), können wir vielleicht eine späte Verleihung von Municipal- oder Kolonialrecht annehmen. — Pompaelo (Pamplona) erhielt höheres Stadtrecht zwischen 57 n. und 119 n. (s. o. 14). Könnte man bei letzterem noch vermuten, daß die Erhebung mit den flavischen Stadtrechtsverleihungen zusammenhing, so ist dies bei der erstgenannten Stadt doch schon außerordentlich gewagt. Bei beiden Gemeinden haben wir keine Anhaltspunkte für die Vermutung, daß sie latinischen Rechts waren. [85] Plin. n. h. 19, 35; 31, 24.

[86] Münzer, BJb. 104, 1899, 109f. datiert Plinius' Prokuratur in das Jahr 73; vgl. zuletzt dazu Pflaum, Procurateurs I 110 und R. Syme, Pliny the Procurator, HSPh. 73, 1969, 215ff.

[87] Plin. 4, 110 *Amanum portus ubi nunc Flaviobrica colonia*, bei Ptol. 2, 6, 7 als Φλαουιόβριγα. Weitere Belege der Kolonie fehlen. Zu der noch strittigen Lokalisierung von Flaviobriga vgl. A. García y Bellido, Cantábria Romana, Discurso leído en el acto de apertura del curso academico de 1952 de la Universidad Internacional Menéndez Pelayo, 25 und Colonias 505 ff.; zuletzt wohl J. González Echegaray, Los Cantabros, Madrid 1966, 76 ff. Man nahm bisher allgemein an, daß Flaviobriga eine Deduktionskolonie, d. h. Kolonie römischer Bürger gewesen sei (so García y Bellido a. O.; McElderry 99: „possibly the last Roman colony of the old fashion settled in Spain", also wohl Deduktionskolonie; u. a.). Die Parallele von Icosium jedoch, das von Vespasian vor 74 n. latinischen Kolonialrang erhielt (Plin. 5, 20; CIL VIII 20853), zwingt dazu, dies auch für Flaviobriga zumindest als Möglichkeit zu bedenken, wenn man in Spanien sonst keine latinischen Kolonien der Kaiserzeit bekannt sind. Die Namensform „Flaviobriga" würde nach der Parallele von Flaviopolis in Thrakien (irrig als Kolonie: Plin. 4, 47) eher auf eine peregrine Gründung weisen, vgl. B. Galsterer-Kröll 61f.

[88] Plin. 3, 7; 3, 18; 3, 24—25; 4, 117.

„Spanien" hat das sogenannte *Latium minus* erhalten, aufgrund dessen nur die Magistrate und nicht auch sämtliche Mitglieder des Dekurionenrates das römische Bürgerrecht *per honorem* erhielten. Es ist hier noch kurz darauf einzugehen, in welchem Umfang die Angehörigen der Beamten ebenfalls in den Genuß der *civitas Romana* kamen. Die entsprechende Bestimmung der lex Salpensana ist zwar verstümmelt, läßt sich aber mit ziemlicher Sicherheit rekonstruieren[89]. Nach ihr sollen die Beamten mit ihren Eltern, Frauen, legitimen Kindern und den Kindern der Söhne (soweit sich die Nachkommen in der patria potestas befanden) das Bürgerrecht erhalten, „sofern nicht mehr zu römischen Bürgern werden, als aufgrund dieses Gesetzes Magistrate gewählt werden dürfen"[90]. Man kann diesen Satz in 2 Richtungen interpretieren: einmal, wie es Mommsen getan hat[91], der die einschränkende Klausel nur auf die Beamten bezog und folgerte, es sollten hier vor allem alle nicht planmäßigen Beamten (wie *praefecti* usw.) und alle, die vor Beendigung ihres Dienstjahres aus dem Amt ausschieden, vom Bürgerrecht ausgeschlossen werden[92]. Alle Angehörigen wären hier also ohne weiteres mit den Beamten zusammengenommen und es wäre nur die Höchstzahl der pro Jahr zum Bürgerrecht gelangenden Beamten (nach dem wohl auch in Salpensa anzunehmenden Beamtenapparat von 2 IIvirn, 2 Aedilen und 2 Quaestoren) auf 6 festgelegt gewesen. Diese Interpretation ist aber nur bedingt mit dem Text der Gesetzesvorschrift in Einklang zu bringen. Aufgrund des Textes würde man eher vermuten, daß die Einschränkungsklausel sich nicht nur auf die Beamten, sondern auch auf die gesamte mit zum Bürgerrecht gelangende Verwandtschaft beziehen muß. Hardy kommt deshalb auch zu dem Schluß[93], daß die Gesamtzahl der jährlichen Neubürger — also Magistrate und Angehörige — auf 6 beschränkt war.

Da nach dem, was wir sonst über latinische Städte wissen, die wahlweise Bekleidung von Quaestur oder Aedilität Voraussetzung für die Bewerbung zum IIvirat war[94], wären normalerweise jährlich mindestens 2 Bürgerstellen für Familienangehörige der Beamten frei gewesen, nach einiger Zeit bestimmt mehrere, weil dann, in der zweiten Generation, auch schon einige der Quaestoren oder Aedilen das Bürgerrecht von Haus aus hatten. Gaius geht in seiner Behandlung des latinischen Rechts hierauf leider nicht ein[95]. Wie die Aufteilung der jährlich freien Bürgerstellen auf die jeweiligen Angehörigen

---

[89] Vgl. Mommsen, Stadtrechte 299 Anm. 38.

[90] Lex Salp. 21 *[. . . qui IIvir aedilis quaestor ex h. l. factus erit, cives Romani sunto, cum post annum magistratu] abierint, cum parentibus coniugibusque ac liberis, qui legitumis nuptiis quaesiti in potestatem parentium fuerint, item nepotibus ac neptibus filio natis natabus, qui quaeque in potestate parentium fuerint; dum ne plures c. R. sint, quam quo⟨t⟩ex h. l. magistratus creare oportet.* Statt des oben angegebenen „zu Bürgern werden" steht hier zwar *c. R. sint* und nicht *fiant*, der Sinn muß aber nach dem ganzen Zusammenhang „werden" sein. Theoretisch möglich wäre, *quot* als Akkusativobjekt aufzufassen und *magistratus* als Nominativ. Zu übersetzen wäre dann: „wieviele *(sc. cives)* der Magistrat aufgrund dieses Gesetzes zu Bürgern machen soll". Diese Möglichkeit scheitert jedoch m. E. daran, daß *civem creare* im Sinne von „jemanden zum Bürger machen" nach dem Thes. Ling. Lat. IV (1906/09) 1161 ff. s. v. *creare* nirgends belegt ist, *magistratus* also wohl in jedem Falle mit *creare* verbunden bleiben muß.

[91] Mommsen a. O. 298f.

[92] In Salp. 25 wird der *praefectus a IIviro relictus* noch speziell vom Bürgerrecht ausgenommen.

[93] Hardy, Three Spanish Charters 66.

[94] In Nemausus: Strabo 4, 1, 12 ἔχουσα καὶ τὸ καλούμενον Λάτιον, ὥστε τοὺς ἀξιωθέντας ἀγορανομίας καὶ ταμιείας ἐν Νεμαύσῳ ʽΡωμαίους ὑπάρχειν. In Tergeste über die attribuierten Carni und Catali (CIL V 532) *per aedilitatis gradum in curiam nostram admitterentur ac per hoc civitatem Romanam apiscerentur*, vgl. dazu Laffi, Contributio 36 ff. Mommsen, Stadtrechte 309 Anm. 65 weist darauf hin, daß die Prohibitivklausel bei der lex Malacitana 54 (der Wahlleiter muß die Renuntiation ablehnen, wenn ein Bewerber um die Aedilität oder Quaestur *in earum qua causa erit, propter quam, si c. R. esset, in numero decurionum conscriptorumque eum esse non liceret*) nur für Aedilen und Quaestoren gilt. Da IIvirn eines dieser Ämter bekleidet haben mußten und dadurch bereits zum Bürgerrecht gelangt waren, wird die Klausel hier bei ihnen nicht mehr genannt; vgl. auch Mommsen a. O. 298 Anm. 37. Anders McElderry 65, der jedoch annimmt, „descendants in the male line" seien stillschweigend bei den Beamten subsumiert worden.

[95] Gaius, inst. 1, 96 . . . *minus Latium est, cum hi tantum, qui vel magistratum vel honorem gerunt, ad civitatem Romanam perveniunt.*

7 Galsterer

50

erfolgen sollte, falls diese Interpretation des Gesetzes vorzuziehen ist, wissen wir leider nicht[96], ebenso, ob die Regelung von Salp. 21 für alle latinischen Gemeinden galt oder ob dort eventuell andere Bestimmungen über die jährlichen Bürgerrechtsverleihungen vorlagen. Die größte Schwierigkeit bei dieser Interpretation liegt darin, daß sich kaum gerechte Maßstäbe erdenken lassen, nach denen bei dieser selektiven Beförderung der Angehörigen zu römischen Bürgern vorgegangen worden sein könnte, ob etwa Angehörige der Duumvirn ein größeres Anrecht hatten oder ob Frauen vor den Eltern rangierten. Leider trägt die weitere inschriftliche Überlieferung zur Klärung des Sachverhalts kaum etwas bei. 2 Inschriften, gesetzt von IIviri, die über ihr Amt zum Bürgerrecht gelangt waren, zeigen, daß die oben genannte Vorschrift eines *cursus* nicht unbedingt zwingend war[97]. Auch über den Umfang der Bürgerrechtsverleihung ergeben sich keine neuen Gesichtspunkte: in den beiden ersten Weihungen von 75 n. scheint jedenfalls eine Verleihung an alle Familienangehörigen vorzuliegen[98]. Es bleibt also auch hier bei der Ungewißheit, welcher der beiden Auffassungen zuzustimmen ist. Festzuhalten ist aber, daß die Bestimmung unzweifelhaft restriktiven Charakter hat, wenn uns auch der Sinn dieser Beschränkung nicht klar ist. Die städtischen Ämter wurden ja von einer zahlenmäßig ziemlich kleinen städtischen Oberschicht bekleidet und wir können in manchen Fällen ganze Genealogien von Familien aufstellen, bei denen fast jedes Familienmitglied den städtischen *cursus* durchlaufen hat[99]. Diese Oberschicht mußte nach einer begrenzten Zeit ziemlich geschlossen das Bürgerrecht erreicht haben, und es konnte nach unserem Verständnis dem römischen Staat gleichgültig sein, ob diese ‚Sättigung' nach 2 oder 3 Generationen eintrat. Der Sinn dieser Maßnahme ist also unklar. Sie spricht aber ebenfalls gegen Braunert, denn in den noch großenteils peregrin organisierten Gemeinden, die sich erst langsam romanisierten, hätte die Zahl derer, die jährlich *per honores* zum Bürgerrecht gelangten, kaum wirksam überprüft werden können, da es dort ja noch keine durch Gesetz festgelegte Zahl von Ämtern gab.

Zusammenfassend läßt sich über das latinische Recht demnach folgendes feststellen, soweit überhaupt Aussagen möglich sind: Vespasian und Titus verliehen höchstwahrscheinlich als Censoren 73/74 n. „Spanien" das latinische Recht. Es bleibt dabei unklar, ob ganz Spanien — wie Plinius behauptet — oder ob nur bestimmte Gebiete dieses privilegierte Recht erhielten. Die Verleihung selbst ging wohl so vor sich, daß in dem Edikt von 73/74 n. ganz allgemein eine provisorische Ordnung für die betroffenen Orte verkündet wurde[100]. Die definitiven Stadtgesetze wurden von einer Kommission oder von Kommissaren ausgearbeitet, die von Gemeinde zu Gemeinde reisten. Diese Arbeit muß sofort nach Erlaß des Dekretes begonnen haben, da die ersten neuen Municipien bereits 75 n. erscheinen. 81/83 n. war diese Tätigkeit jedenfalls noch nicht abgeschlossen, wie die Stadtrechte von Salpensa und Malaca zeigen. Noch unter Domitian müssen aber die letzten Stadtrechte gegeben worden sein, da später entstandene latinische Municipien nicht bezeugt sind.

[96] Vgl. Hardy, Three Roman Charters 66
[97] II 1945 (+add. p. 704) aus Iluro (Alora nordw. Malacas): IMP DOMITIANO CAESARI / AUG GERMANICO / L MUNNIUS QUIR NOVATUS ET / L MUNNIUS QUIR AURELIANUS / C R PER H[ono]REM IIVIR CONSECUTI / D [s p] D D; II 2096 Cisimbrium, vgl. oben Anm. 53.
[98] II 2096 und II 1610, vgl. Anm. 53; jedesmal nach den Resten wohl *cum suis omnibus*. Bei II 1635, ebenfalls aus Igabrum, ist nach den Resten am ehesten „cu]M IU[li]O ANNIANO F(ilio) C R C" zu lesen. Beides hilft nicht weiter, da uns die näheren Umstände nicht bekannt sind.
[99] Vgl. B. Galsterer-Kröll, a. O. zu Gigthis und P. Spranger, Zur Lokalisierung der Stadt Castulo und des Saltus Castulonensis, Historia 7, 1958, 95 ff. über die Familie der Cornelii in Castulo.
[100] Wenn Cicero ad Att. 5, 2, 3 von den Gerüchten, die Städte der Gallia Transpadana sollten das römische Bürgerrecht erhalten, schreibt: *erat rumor de Transpadanis eos iussos quattuorviros creare*, so scheint er ein ähnliches Verleihungsdekret Caesars zu meinen, in dem eine provisorische Städteordnung für diese Städte gegeben war.

VI ZUR INNEREN ORGANISATION SPANISCHER STÄDTE

Aus einer flüchtigen Übersicht über den Beamtenapparat der römischen und lateinischen Municipien und Kolonien im Reich — mit Ausnahme allerdings Italiens — ergibt sich leicht das Bild völliger Übereinstimmung in der Organisation. Es sind uns überall IIviri oder IIIIviri, Aedilen und Dekurionen belegt. Dies verleitete zu der Annahme, das Städtewesen sei in der Kaiserzeit einheitlich geregelt gewesen, etwa durch eine lex Municipalis Caesars[1]. Bei einer näheren Untersuchung ergeben sich im einzelnen jedoch gewisse Unterschiede. Im Folgenden sollen deshalb einige Fragen zur inneren Organisation der Municipien und Kolonien in Spanien, zu ihrem Stadtrat, den Beamten und den Priestern besprochen werden, um vielleicht über Einzeluntersuchungen in einem Teilgebiet des Reiches, die durch ähnliche Überprüfungen für Afrika, Gallien, den Donauraum und vor allem Italien ergänzt werden müßten, in der Frage nach der „einheitlichen Organisation" etwas weiterzukommen.

A Der Stadtrat

Die gewöhnliche Bezeichnung des Stadtrates in Gemeinden aller Rechtsstellungen ist *ordo decurionum*. Daneben gibt es nach dem römischen Beispiel auch die Benennung als *senatus*. In Italien wurden diese beiden Termini nebeneinander gebraucht, oft in derselben Gemeinde oder sogar in derselben Inschrift[2]. Es kann in Italien also kein rechtlicher Unterschied mit der verschiedenen Bezeichnung verknüpft gewesen sein. Für die Provinzen hat U. Instinsky[3] nachzuweisen versucht, daß hier der Name *senatus* nur in peregrinen Gemeinden begegne. Wie das Vorkommen von IIviri oder IIIIviri ein Indiz für römisches oder latinisches Stadtrecht[4] ist, so wären also *senatus* oder *senator* ein Anzeichen für peregrines Recht einer Stadt. Diese Meinung hat schon H. Nesselhauf für das 2. Jahrhundert n. Chr. widerlegt[5]. Es gibt jedoch auch für das 1. Jahrhundert n. Chr. zumindest einen sicheren Beleg für das Vorkommen von *senatus* in einer privilegierten Provinzstadt, nämlich in der latinischen Kolonie Carteia[6], und es ist nicht anzunehmen, daß alle undatierten Inschriften mit *senatus* oder *senator*, die wir aus der narbonensischen Kolonie Dea Augusta[7], der latinischen Kolonie Centuripae aus Sizilien[8]

---

[1] So H. Rudolph, Stadt und Staat im römischen Italien, Leipzig 1935, 217ff., doch vgl. unten 60 Anm. 96.

[2] CIL X 112, 4559, 5917ff.; XI 6167; XIV 2634, 4254 u. ö. Für die Identität der Institution spricht auch die sog. lex Iulia municipalis (FIRA I² 147) 85ff.

[3] Senatus in Gemeinwesen peregrinen Rechts, Philologus 96, 1944, 201ff.; ähnlich Hill, Coinage 44, der festzustellen glaubte, Münzen mit der Prägung EX S C seien nur in peregrinen Gemeinden geprägt worden.

[4] Vgl. oben S. 2.

[5] H. Nesselhauf, MM. 1, 1960, 145. Hinzuzufügen wären als Gegenbelege gegen Instinsky hier noch der *Senatus* in Nervas Veteranenkolonie Cuicul (AE. 1912, 154; 1916, 12) und die allerdings ganz unsicher belegten Senate des 3. Jh. n. Chr. im Osten in Mallus (BMC Lycaonia, Isauria, Cilicia 101 nr. 30, 102 nr. 35) und in Dura-Europus (AE. 1934, 278; *senatus* von Rostovtzeff ergänzt).

[6] Die Münze Vives IV 21 nr. 29 IIIIVIR EX S C G C, vgl. oben 9 Anm. 13. Die Stadt hatte zum Zeitpunkt der Prägung jedenfalls privilegiertes Recht, wie auch aus der Nennung des IIIIvir hervorgeht.

[7] CIL XII 1514 SEN(ator), 1590/91 L(oco) D(ato) D(ecreto) S(enatus) V(ocontiorum). Zu der Rechtsstellung dieser Stadt, des Mittelpunktes der Vocontii, vgl. Vittinghoff, Kolonisation 65 Anm. 1.

[8] AE. 1966, 165: die σύγκλητος der ἀποικία Centuripae schickt Gesandte nach Rom und Lanuvium, um die „Verwandtschaft" (wohl mit beiden, vgl. Cicero Verr. 5, 83) zu erneuern. Da *ordo* sonst immer mit βουλή wiedergegeben wird, muß man σύγκλητος hier wohl tatsächlich als *senatus* fassen (so auch J. Reynolds, JRS 56, 1966, 118). Latinisches Recht der Stadt nach Plin. 3, 91. G. Manganaro, Un „senatusconsultum" in Greco dei Lanuvini e il rinnovo della cognatio con i Centuripini, RAAN. 38, 1963, 23—44 datiert die Inschrift aufgrund der Iota adscripta in das 1. Jh. v. Chr. und hält Centuripe für eine latinische Kolonie Caesars.

52

und aus der wohl caesarischen Bürgerkolonie Pax Iulia in Lusitanien[9] kennen, erst dem 2. oder 3. Jahrhundert n. Chr. angehören.

Daneben gibt es in Spanien noch einige Städte, in denen im 1. Jahrhundert Senate genannt werden und bei denen der starke Verdacht besteht, daß sie zu diesem Zeitpunkt bereits höheres Recht besaßen: in Ipsca (Cortijo de Iscar bei Castro del Río, südöstl. von Córdoba), das in einer undatierten Inschrift als Municipium Contributa Ipsca belegt ist, wird 46 n. ein *senatus* der Gemeinde genannt[10]. Wie neuerdings Laffi überzeugend darlegte, verdankt der Ort seinen Namen der Tatsache, daß er früher einer anderen Gemeinde kontribuiert war[11]. *Contributio* war nach ihm die Fusion zweier Gemeinden in der Form, daß eine von beiden den gesamten Behördenapparat übernahm[12]. Ipsca kann demnach eigene Magistrate und einen eigenen Stadtrat erst nach der Trennung des Kontributionsverhältnisses, also wohl (wie bei Ugultunia Contributa, vgl. oben S. 20f.) beider Errichtung des Municipiums, bekommen haben. Damit würde der *senatus* zu dem Municipium Ipsca gehören.

In Termes (Tiermes, südwestl. von Soria) werden in einer undatierten Inschrift neben einem *senatus* auch IIIIviri genannt[13]. Es handelt sich bei der entsprechenden Inschrift um einen Hospitiumvertrag, und da die weit überwiegende Zahl solcher spanischer Hospitia im 1. Jahrhundert abgeschlossen wurde[14], wird auch dieser Vertrag eher früher als später zu datieren sein[15]. Auch in Termes ist also wahrscheinlich ein Senat in einer privilegierten Gemeinde des 1. Jahrhunderts anzunehmen.

Bocchorus an der Nordküste Mallorcas war im Jahre 10 v. noch peregrine *civitas*[16]. 16 Jahre später schloß der *senatus populusque Bocchoritanus* ein Hospitium ab, wobei die beiden Praetoren der Stadt als Gesandte fungierten[17]. Es wäre möglich, daß Bocchorus in der Zwischenzeit latinisches oder römisches Stadtrecht bekommen hatte. Plinius gibt an, daß die Stadt *foederatorum fuit*[18], wobei sich dieses *fuit* viel eher auf die Zeit seiner Quelle, also unter Augustus, beziehen wird, als auf seine eigene Zeit. Er gibt also für den späteren Rechtsstatus keine Auskunft. Die Amtsbezeichnung *praetores* weist eher auf eine privilegierte als auf eine peregrine Rechtsstellung[19]. Da wir über Bocchorus sonst nichts mehr hören, muß die Entscheidung über die Rechtsstellung der Stadt ungewiß bleiben.

[9] CIL II 52 aus Pax Iulia, heute Beja im portugiesischen Algarve, ist auf der rechten Seite und am unteren Rand abgebrochen. Die Inschrift lautet: C IULIUS C F / / / / / IIVIR BIS PRA[ef...] / UTRIQUE SEN / / / / /. Das letzte N scheint sicher gelesen zu sein. Man kann also nicht, wie Hübner das tut, dieses N ohne weiteres vernachlässigen und in der letzten Zeile *utrique sex(ui)* oder *utri(us)que sex(us)* ergänzen. Da zweierlei ordines auch in anderen Städten belegt sind (vgl. unten), muß man hier — bis zum Beweis der Unmöglichkeit dieser Ergänzung — *utrique sen(atui)* lesen. Da C. Iulius IIvir und Pax Iulia wohl caesarische Kolonie war (Plin. 4, 117; Vittinghoff, Kolonisation 109 Anm. 4), gehört der *senatus* also in die Kolonie.
[10] Municipium: II 1572; *senatus*: II 1569.
[11] Laffi, Contributio 127ff.
[12] Ib. 159.
[13] AE. 1953, 267.
[14] Vgl. die Zusammenstellung sämtlicher bis dahin gefundener Hospitia bei d'Ors, Epigrafía Juridica 367ff.
[15] Bei Tac. ann. 4, 45 wird die Ermordung des stellvertretenden Statthalters (vgl. Syme, JRS. 46, 1956, 20f. und zuletzt Alföldy, Fasti 14 und 67. Piso war als praetorischer *legatus iuridicus* der Tarraconensis Vertreter des von Tiberius in Rom zurückgehaltenen L. Arruntius) der Tarraconensis, L. Calpurnius Piso, im Jahre 25 n. durch einen Termestiner geschildert. Aus der Tatsache, daß dieser seinen *patrius sermo* sprechend vorgeführt wird, könnte man schließen, daß Termes damals noch nicht privilegiert gewesen sein könnte. Es handelt sich hier jedoch um einen *agrestis quidam*, also einen Bewohner des flachen Landes, des Territoriums, von dessen Zivilisationsgrad man nicht auf den der Stadt selbst zurückschließen darf. Der Anklang an Sallust, Cat. 19, 4ff.; wo die Ermordung eines anderen Piso in Spanien beschrieben wird, ist evident (vgl. Syme, Tacitus II 728ff.).
[16] AE. 1957, 317.
[17] CIL II 3695.
[18] Plin. 3, 77.
[19] Vor allem in vielen latinischen Kolonien der Narbonensis belegt, vgl. oben 25 Anm. 87 und Degrassi, Quattuorviri 315. Burdigala (Bordeaux), die Hauptstadt der Bituriges, ist die einzige sicher peregrine Gemeinde, in der der Titel begegnet (XIII 596—600 von derselben Person).

Auch bei Munigua muß offen bleiben, ob der hier belegte *senatus* in das Municipium oder in die frühere peregrine Gemeinde gehört[20]. In Carthago Nova gab es möglicherweise ebenfalls einen Senat[21]. Die in einer Inschrift aus Ilici genannten Senatoren[22] sind dagegen nicht auf diese Stadt zu beziehen: es handelt sich um ein Bruchstück der Ehrenbeschlüsse für Germanicus, die uns jetzt vollständiger in der sogenannten Tafel von Heba vorliegen[23].

Bei einigen weiteren Gemeinden Spaniens, in denen ein „Senat" belegt ist, können wir über die Rechtsstellung nichts aussagen: es sind dies Iptucci (wohl Cabeza de Hortales zwischen Arcos de la Frontera und Ronda), dessen *senatus populusque* 31 n. einen Hospitiumvertrag mit der Kolonie Ucubi schloß[24]; Lacilbula (Cortijo de Clavijo bei Grazalema), wo ebenfalls in einem Hospitiumvertrag *senatus* und *populus* belegt sind[25], und das lusitanische Augustobriga, heute Talavera la Vieja am Tajo[26]. Schließlich sind Senate auch in 3 sicher peregrinen Gemeinden bekannt: bei Gades im Jahre 56 v., als die Stadt noch unprivilegiert war[27]; in Toletum (Toledo), wo die EX S C geprägten Münzen[28] wegen der ganz spärlichen Spuren städtischen Lebens trotz relativ vieler Inschriften[29] wohl kaum aus einer bereits vor Claudius privilegierten Gemeinde stammen können. Auch die 2 Ausfertigungen des in Herrera de Pisuerga (im alten Convent Clunia) gefundenen Hospitiumvertrages von 14 n. zwischen der bisher völlig unbekannten und auch unlokalisierten Stadt Maggava, die durch ihre 3 *mag(istri)* oder *mag(istratus)* und ihren Senat vertreten wird, und dem Amparamus Nemaiecanus Cosaburesis[30] zeigen durch die Bezeichnung *civitas* für Maggava und die barbarischen Namen aller Beteiligten zur Genüge, daß es sich hier um eine peregrine Gemeinde handelt.

Damit ist in Spanien also die Bezeichnung *senatus* für den Stadtrat schon im 1. Jh. n. Chr. in einer privilegierten Gemeinde sicher und in mehreren mit einiger Wahrscheinlichkeit bezeugt. Da aber diese Benennung auch in nachweisbar peregrinen Städten vorkommt, kann sie kein Argument für die Rechtsstellung eines Ortes sein[31].

In einigen Städten Spaniens ist uns eine Zweiteilung des Stadtrates oder der gesamten Bürgerschaft inschriftlich bezeugt, was auch sonst im Reich gelegentlich vorkommt. Da über die Bedeutung einer solchen Teilung vielfach Unklarheit besteht und bei dem bekanntesten spanischen Beispiel, Valentia, aus dem Vorkommen von *veteres et veterani* geschlossen wurde, daß es dort eine „Doppelgemeinde" gab[32], soll hier versucht werden, solche Erscheinungen zu klären.

[20] Vgl. oben S. 42f.
[21] Wenn die oben 29 Anm. 131 angeführte Inschrift tatsächlich nach Carthago Nova gehört!
[22] EE IX 133 nr. 349.
[23] Die Tafel von Heba: AE. 1949, 215 und H. Nesselhauf, Historia 1, 1950, 105 ff.; zu den spanischen Fragmenten dieses Beschlusses jetzt AE 1952, 80.
[24] AE. 1955, 21. Iptucci war nach Plin. 3, 15 in augusteischer Zeit noch tributpflichtig.
[25] CIL II 1343; der Name der abschließenden Gemeinde ist auf der Bronzetafel ausgefallen. Die Zuweisung an Lacilbula erfolgte nur auf Grund des Fundortes bei Cortijo de Clavijo.
[26] II 5346; nach Plin. 4, 118 war die Stadt noch peregrin. Die Stadt ist nicht zu verwechseln mit der oben 17 Anm. 6 genannten Augustobriga in der Hispania Tarraconensis.
[27] Vgl. oben 18 Anm. 7. Cic. fam. 10, 32, 2 *exsules reduxit non horum temporum sed illorum, quibus a seditiosis senatus trucidatus aut expulsus est Sex. Varo procos.* Varus war Proconsul des jenseitigen Spanien 56 v. Chr. (Broughton, Magistrates II 211). Interpretatio Romana ist hier bei der Bezeichnung *senatus* nicht ausgeschlossen. Zur Rechtsstellung von Gades vgl. oben 17 ff.
[28] Vives IV 44 nr. 1, 4, 5.
[29] II 3073: DD im Jahr 245 n.; 3089: *ordo*.
[30] Veröffentlicht von A. García y Bellido in BolAcadHist. 159, 1966, 149 ff.
[31] Daß diese Bezeichnung in privilegierten Gemeinden eine Ausnahme war, zeigt die Praxis der kaiserlichen Kanzlei, vgl. oben 42 Anm. 40.
[32] So Kornemann, colonia 584; Marchetti 797; Hampl 62f.; Schulten, Valentia, RE. 7 A, 1948, 2149. Über zweigeteilte Stadträte in peregrinen Gemeinden handelt E. Gabba, Sui senati delle città siciliane nell'età di Verre, Athenaeum NS 37, 1959, 304 ff. Vgl. auch Vittinghoff, Stadtrechtsformen 443 ff. und für Afrika L. Teutsch, Gab es Doppelgemeinden im

Für Spanien ist neben dem bereits genannten *uterque ordo* in Pax Iulia[33], dem *universus ordo* in Dertosa[34] und den nur sehr unsicher überlieferten *Turiasunenses veteres et iuni(ores)*...in dem augusteischen Bürgermunicipium Turiaso (wohl Tarazona zwischen Soria und dem Ebro)[35] vor allem der doppelte *ordo* in dem municipium Flavium Liberum Singilia (bei Antequera) heranzuziehen[36]: der *ordo Singiliensis vetus* bestätigt *suo quoque nomine* die Ehrung für einen Sevirn, die er bereits *supra in universum decreverat*. Es geht hieraus klar hervor, daß der „alte" *ordo* von Singilia nur ein Teil des Gesamtrates, nicht aber eine selbständige Institution war.

Die *veterani et veteres* in Valentia gehören alle, soweit die Inschriften datierbar sind, dem 3. Jh. n. Chr. an[37]. Es wäre höchst erstaunlich, wenn diese Unterscheidung auf eine Deduktion aus der Zeit des Krieges gegen Sertorius zurückgehen würde, wie das öfters behauptet wird[38] und dann in über $2\frac{1}{2}$ Jahrhunderten nichts darüber verlautete. Aus dem epigraphischen Befund würde man viel eher eine Neuansiedlung etwa unter Marcus oder Commodus, vielleicht auch Severus vermuten. Da jedoch die Kolonie Valentia seit 60 v. Chr. belegt ist[39], muß es sich hier um eine Zweitdeduktion gehandelt haben, wie solche uns gelegentlich in der Literatur begegnen[40]. Solche Neuansiedlungen brauchten keinen Wechsel des Beinamens mit sich zu bringen: die caesarische Kolonie Buthrotum in Epirus änderte zwar möglicherweise nach einer Neudeduktion durch Augustus ihren Namen von *I(ulia) B(uthrotum)* in *A(ugusta) B(uthrotum)*[41]; Hispalis, Emerita und Nola behielten jedoch ihre alten Namen. Das Fehlen eines solchen zusätzlichen oder neuen Beinamens in Valentia wäre also kein Gegenargument gegen eine Neudeduktion. Wahrscheinlich sind die *veteres* in Valentia die alten Siedler der republikanischen Kolonie, während die *veterani* zu der Deduktion des 2. oder 3. Jahrhunderts gehören.

Die genaue Bedeutung von *veteres et veterani* kann aus der Betrachtung ähnlicher Fälle im Reich gewonnen werden. In Afrika gehören Thugga[42] und Thignica[43] zusammen. Mit den benachbarten Orten Thubursicum Bure und Agbia zeichnete sich ihre Verfassung dadurch aus, daß sie vor der Erhebung zu Municipien (bei allen zu Beginn des 3. Jahrhunderts) aus einer Doppelgemeinde von civitas und pagus bestan-

---

römischen Afrika, RIDA. 3. sér., VIII, 1961, 281 ff. Die Annahme einer Doppelgemeinde im afrikanischen Thuburbo Maius widerlegte P. Quoniam, A propos des communes doubles et des coloniae Iuliae de la province d'Afrique, Karthago 10, 1959/60, 69 ff. mit zwingenden Argumenten.

[33] Vgl. oben 52 Anm. 9.
[34] CIL II 4060, vgl. oben 31 Anm. 13.
[35] Die *Turiasunenses veteres et iuni*... werden ohne nähere Angaben über die Inschrift bei F. Mateu y Llopis, Las monedas romanas de Valentia, Numisma III 6, 1953, 21 genannt. — Turiaso als Bürgermunicipium bei Plinius 3, 24 und den Münzen Vives IV 89 ff. nr. 7 ff., vgl. Vittinghoff, Kolonisation 108. — Lokalisiert ist Turiaso in Tarazona wegen des Gleichklanges der Namen, doch muß der Ansatz wegen der Angabe bei It. Ant. 442, 4; 443, 3 (durch den Meilenstein AE. 1927, 162 bestätigt), wonach die Stadt zwischen Caesaraugusta und Augustobriga lag, ziemlich richtig sein.
[36] CIL II 2026 ... HUIC ORDO SINGILIENSIS RECIPI[endo] / IN CIVIUM NUMERUM QUANTUM / CUI PLURIMUM LIBERTINO DECREVIT / ITEM HUIC ORDO SINGILIENS VETUS / EADEM QUAE SUPRA IN UNIVER/SUM DECREVERAT SUO QUOQUE / NOMINE DECREVIT; unter *in universum decreverat* ist hier wohl eine gemeinsame Sitzung von *ordo Singiliensis* und *ordo Singiliensis vetus* zu verstehen.
[37] Vgl. oben 12 Anm. 44.
[38] C. Torres, La fundación de Valencia, Ampurias 13, 1951, 120; García y Bellido, Colonias 454 ff.; Schulten a. O.; zuletzt M. Taradell, in: La Ciudad Romana de Valencia, Papeles del Laboratorio de arqueología de Valencia 1, 1962, 19.
[39] Vgl. oben 12 Anm. 42.
[40] Hispalis und Emerita: Tac. hist. 1, 78, 1; Emerita: Frontin, contr. agr. 51 f. L; Nola: liber coloniarum 236 L.
[41] Vittinghoff, Kolonisation 86 Anm. 2.
[42] CIL VIII 26482, 26590 u. ö. *decuriones utriusque ordinis*, vgl. dazu L. A. Thompson, „Uterque Ordo" in Inscriptions of „Municipium Thuggense", Latomus 24, 1965, 150 ff.
[43] VIII 15207, 15212 *utraque pars civitatis Thignicensis*.

den[44]. Die Stadträte der neuen, einheitlichen Municipien setzten sich anfangs wohl aus den Mitgliedern der früher getrennten ordines von civitas und pagus zusammen und diese Tradition der unterschiedlichen Benennung wurde beibehalten. — In Nola wird ein *decurio adlectus ex veteribus* genannt[45]. Mommsen schloß daraus[46], daß es sich bei diesen *veteres* um eine minderberechtigte Gruppe von Nolanern gehandelt haben müsse, da sonst diese Angabe nicht recht verständlich sei. Doch geht das aus der Inschrift selbst zunächst nicht hervor. Die Inschriften aus Herculaneum, in denen ebenfalls *veteres* genannt werden[47], sind, abgesehen von der strittigen Zuweisung nach Nola, viel zu zerstört, als daß man aus ihnen Schlüsse ziehen könnte. Da jedoch in Nola ebenfalls eine zweite Deduktion bekannt ist (s. oben S. 54), kann man die *veteres* genauso gut hiermit in Verbindung bringen und in dem *decurio adlectus ex veteribus* eine genaue Parallele zu den *veteres* in Valentia sehen. — Für Pompeii nimmt man seit Mommsen[48] an, die Altbürger seien gegenüber den sullanischen Kolonisten im Wahlrecht u. a. benachteiligt gewesen. Liest man jedoch die einzige Quelle für diese These[49], so ergeben sich außer den selbstverständlichen Spannungen zwischen Alt- und Neubürgern keinerlei Indizien für eine solche Rechtsminderung[50]. Durch die Inschriften wird außerdem bewiesen, daß die Familien der Amtsträger in der sullanischen Kolonie fast ausschließlich schon vor dessen Veteranenansiedlung in Pompeii ansässig waren[51]. Von einer Benachteiligung der Altbürger kann also keine Rede sein. — In Arretium (Arezzo) sind von den Arretini Veteres, Arretini Fidentiores und Arretini Iulienses, die Plinius anscheinend als 3 Gemeinden nennt[52], nur *decuriones Arretinorum veterum* inschriftlich belegt[53]. Beamte und Volk treten immer als Vertreter der gesamten Gemeinde ohne qualifizierende Sonderbezeichnung auf. — In Suasa schließlich ist uns ein *duumvir quinq. ex s. c. et d. d., augur ex d. d.* bekannt[54], ohne daß wir entscheiden können, ob senatus und decuriones hier verschiedene Gruppen desselben Stadtrates sind oder wie die Unterscheidung sonst zu erklären ist. Jedenfalls aber muß es sich um eine einzige Gemeinde handeln. — Zusammenfassend kann man sagen, daß solche Unterscheidungen nach dem vorliegenden Material immer nur den ordo betreffen. Das Volk und die Beamten jener Städte handeln ohne Sonderbezeichnung (etwa *duumvir universae coloniae* o. ä.) immer für die gesamte Gemeinde. Augenscheinlich sind solche Benennungen also Relikte einer früheren Zusammenlegung zweier Gemeinden (Thugga, Thignica) oder von Nachdeduktionen (Valentia, Nola, möglicherweise auch Arretium und Pax Iulia), die sich in einer Teilung des ordo bemerkbar machen. Bei Turiaso, Dertosa und Singilia Barba muß die Frage nach der Entstehung der Zweiteilung offenbleiben[55]. Von einer Teilung der ganzen Gemeinde oder Bestehen von Doppelgemeinden ist also nichts zu bemerken.

[44] Vgl. dazu Wilmanns in CIL VIII p. 173f. und neuerdings L. Teutsch a. O. (vgl. oben 53 Anm. 32).
[45] CIL X 1273.
[46] CIL X p. 142.
[47] CIL X 1437—38.
[48] CIL X p. 89.
[49] Cic. Sulla 60—62.
[50] Ähnlich vielleicht auch für Venusia in Horaz serm. 1, 6, 72f. zu spüren.
[51] Vgl. A. W. van Buren, RE. 21, 1952, 2023; anders G. O. Onorato, Pompei municipium e colonia romana, RAAN. 26, 1952, 115 ff.
[52] Plin. 3, 52.
[53] XI 1849.
[54] XI 6167.
[55] Es könnte ein Zufall sein, daß der Beiname „Liberum", den Singilia führt und der für ein flavisches Municipium in Spanien ganz einzigartig ist (bei diesen erscheinen — zu Trutobriga s. o. 46 Anm. 73 — sonst nur „Flavium" ohne jede sonstige Beifügung) bei dem Municipium Septimium Aurelium Liberum Thugga wiederkehrt (vgl. B. Galsterer-Kröll, nr. 66), das ebenfalls einen zweigeteilten ordo hatte (vgl. oben).

B Die Magistrate

Es ist eine auffallende Tatsache, daß in Spanien nur relativ wenige Quaestoren bekannt sind, die sich zudem noch sehr unregelmäßig über die einzelnen Städte verteilen. Während in Malaca und Salpensa das Amt nur aus den jeweiligen Stadtgesetzen[56] und in Carteia nur von 2 Münzen bekannt ist[57], in Ammaia, Emerita, Caesarobriga, Corduba und Ebora jeweils nur ein einziger Quaestor genannt wird[58], kennen wir aus Tarraco allein 10 Quaestoren[59] und aus Sagunt, wo das Amt noch über dem IIvirat stand (vgl. oben S. 28), 6 Quaestoren[60]. Man muß daraus wohl schließen, daß es nicht in allen bevorrechtigten Gemeinden Spaniens diese Magistratur gab. Das wird in gewisser Weise bestätigt durch das Stadtrecht der kurz nach Caesars Tod eingerichteten Bürgerkolonie Urso (Osuña in Andalusien), das an Jahresbeamten nur IIviri, Aedilen und Praefecten als Vertreter des zum IIvir gewählten Kaisers kennt[61]. Die Annahme, die Quaestur sei also hier kein eigentlicher *honos*, sondern eine persönliche Leistungsverpflichtung, ein *munus* gewesen[62], ist unmöglich, denn in Urso wurde das gesamte Finanzwesen von den IIvirn und den Aedilen mit ihren Scribae verwaltet[63]. Die Pflichten des Quaestors waren also bereits anders verteilt und eine Quaestur wäre auch als *munus* überflüssig gewesen. — Man müßte erwarten, wenn die Lösung von Urso (Übernahme der Aufgaben der Quaestoren durch die IIviri und ihr Unterpersonal) in denjenigen Städten, wo uns keine Quaestoren überliefert sind, verbreitet war, daß hier dann entsprechend viele Scribae begegneten. Überraschenderweise kennen wir aber mit Ausnahme der in dem Stadtrecht von Urso genannten keinen einzigen städtischen Scriba in Spanien[64]. Die institutionelle Grundlage der städtischen Finanzverwaltung muß demnach für viele spanische Gemeinden im Unklaren bleiben.

Ähnlich erstaunliche Ergebnisse zeigen sich bei einer Untersuchung der Quinquennalen Spaniens. Dieses Amt ist belegt in Tarraco, Carthago Nova, Barcino, Celsa, Ilici, Valentia, Emporiae und Iluro[65], d. h. also ausschließlich in Städten der

---

[56] Lex Salp. 26 u. ö.; lex Malac. 52.

[57] Vives IV 21f. nr. 5+9. Es wären dies allerdings die einzigen Quaestoren Spaniens, die Münzen prägten. Sie erscheinen als QS, doch könnte dies u. U. eine Verlesung für CES (nr. 4+15) sein, also Censoren meinen. Die Quaestoren Carteias können also nicht als völlig gesichert betrachtet werden.

[58] Ammaia: CIL II 159, vgl. oben 46 Anm. 69; Emerita: EE. IX 49 nr. 119, wenn die oben S. 24 vorgeschlagene Zuweisungnach Emerita anstatt Norba zu Recht erfolgte; Caesarobriga: II 896; Corduba: II 2227, doch ist die Zuweisung unsicher, vgl. Hübner ad loc. Ebora: II 18* wird man wohl gegen Hübner für echt halten dürfen (so jetzt auch E. Birley, Roman Britain and the Roman Army, Kendal 1953, 152 Anm. 34): legio III Italica, das Vorkommen von zwei Augusti und der Titel des *flamen Romae, divorum et Augusti* bzw. *Augustorum*, der erst in der zweiten Hälfte des 2. Jhs. n. Chr. begegnet (E. Étienne, Le culte impérial dans la péninsule ibérique d'Auguste à Dioclétien, Paris 1958, 132, XXVI+XXX, 486) passen zu gut zusammen, als daß man das einem Fälscher zutrauen könnte. Es bleiben jedoch die von Hübner genannten Anstöße. Da Voconius seine Kohortenpräfekturen bestimmt erst nach dem Centurionat der leg. III Italica bekleidet hat, scheint der zivile Teil des Cursus aufsteigend, der militärische absteigend zu sein.

[59] CIL II 4139, 4212, 4224, 4253, 4264, 4275, 4279, 6072; AE. 1946, 2; HAE. 180 AED C IIVI[r], wo C mit Sicherheit eine Verschreibung oder Verlesung von Q (= quaestor) darstellt. (Prof. Géza Alföldy, Bochum, teilte mir freundlicherweise mit, daß auf dem Photo der Inschrift deutlich ein Q zu lesen sei.)

[60] Vgl. oben 28 Anm. 118.

[61] Lex Urson. (FIRA I² 179ff.) 128/29.

[62] So z. B. d'Ors, Epigrafía Jurídica 145, der sich auf Arcadius Charisius Dig. 50, 4, 18, 2 stützt: *et quaestura in aliqua civitate inter honores non habetur, sed personale munus est.*

[63] Lex Urson. 81, vgl. die sehr interessante Parallele von Pompeii: A. Degrassi, La Questura di Pompei, MAL ser. VIII 13, 1967/68, 46ff. Ob der Vives III 96 nr. 3 genannte L AP(puleius?) DEC(ianus?) Q(uaestor?) ein kolonialer Quaestor war, ist sehr fraglich, vgl. Grant FITA 5 und oben 14 Anm. 64.

[64] Der *scriba librarius quaestorius III decuriarum* von CIL II 3596 ist ein stadtrömisches Amt, vgl. ILS 1894, 1898, 1898a, 1926, 2748.

[65] Tarraco: II 4071, 4253, 4275, 6072; AE. 1929, 230; 1957, 27; HAE. 176.
Barcino: II 4520, 4530; CIL I² 2673.
Carthago Nova: II 3417, 3426, 3435, 5929; AE. 1908, 149 und die oben 29 Anm. 130 genannten Münzen.
Celsa: Vives IV 102ff. nr. 5.
Ilici: AE. 1961, 99; Vives IV 39ff. nr. 4+9.

Provinz Tarraconensis[66], die zudem römisches Stadtrecht besaßen[67]. Es würde sich hier also bestätigen, was bereits Mommsen für die latinische Stadtverfassung festgestellt hatte, daß es in ihr nämlich keine Quinquennalen gab[68]. Damit drängt sich die Frage auf, wer in den latinischen Gemeinden überhaupt und in den römischen Städten der Baetica und Lusitaniens die Aufgaben des Quinquennalis, also hauptsächlich die Durchführung des Census und die periodisch anfallenden finanziellen Maßnahmen wie Verpachtung des Gemeindelandes, Auftragserteilung für städtische Bauten u. ä. vornahm. Da in Malaca den IIviri die Verpachtung von Steuern und Tributen übertragen ist[69], kann man vielleicht annehmen, daß ähnlich wie in den Städten, wo es keine Quaestoren gab (s. o.), hier die Aufgaben der Quinquennales auf die anderen städtischen Beamten verteilt waren. Der Census wurde nach der Tafel von Heracleia in Italien von den üblichen Obermagistraten der Städte durchgeführt, die sichtlich nicht speziell für diese Aufgabe gewählt waren[70]. Daß dies auch in der Baetica so gewesen sein könnte, zeigt das Beispiel eines Oberbeamten, der während seines IIvirats auch den Census seiner Gemeinde durchführte[71].

Die rechtsprechenden Obermagistrate einer Stadt, die Duoviri iure dicundo, treten, wie ihr Name zeigt, meistens in der Zweizahl auf. Es gibt jedoch in dem latinischen Stadtgesetz von Salpensa einige Anzeichen dafür, daß dies nicht immer der Fall gewesen sein muß. Das Stadtrecht von Salpensa bestimmt, daß, wenn der Kaiser zum Duovir gewählt wurde, der ihn vertretende Praefectus das gleiche Recht haben soll, *quo esset, si eum IIvir(um) i. d. ex h(ac) l(ege) solum creari oportuisset isque ex h(ac) l(ege) solus IIvir i. d. creatus esset*[72]. Es wird hier sichtlich vorausgesetzt, daß es auch in anderen Fällen als in dem vorliegenden alleinige Oberbeamte gibt. Einige Kapitel weiter wird über die Bestimmung von Vormündern für minderjährige Bürger Salpensas vorgeschrieben, daß derjenige Magistrat, bei dem ein Antrag hierauf vorgebracht wird, sich mit seinen *collegae* darüber absprechen muß; wenn er aber keinen *collega* habe oder sich keiner von ihnen in der Stadt befände, solle er eine Entscheidung des Stadtrates darüber herbeiführen[73]. Es ist hier wohl vor allem auch der *praefectus pro imperatore*, der nach

Valentia: Vives IV 15f. nr. 1—3.
Emporiae: vgl. oben 26 Anm. 104.
Iluro: II 4616. Der genannte Marcius Optatus war *IIvir Ilurone et IIvir quinquennalis primus* sowie Militärtribun der leg. II Augusta, wohl noch vor ihrem Abzug aus Spanien nach Germanien 10 n. (Ritterling, Legio 1458); weshalb Ritterling a. O. in der Inschrift Korruptelen vermutet, ist nicht klar.

[66] Bei II 6337 aus Norba ist *quinquennalis* eine durch nichts gestützte Ergänzung Hübners. Die Münze aus Corduba Vives III 115 nr. 1 mit CN IULIUS L F Q ist mit Grant FITA 4 ff. wohl einem Quaestor der Provinz Hispania Ulterior zuzuweisen, ohne daß dessen Folgerungen aus der Münze akzeptiert werden können, vgl. oben 10 Anm. 23. Bei AE. 1961, 343 aus Ulia (Montemayor) in der Baetica handelt es sich um einen *flamen quinquennalis divorum Aug(ustorum)*, also wohl einen innerhalb eines Quinquennium tätigen flamen. — Der einzige Gegenbeleg ist SHA Hadr. 19, 1, wo berichtet wird, daß Hadrian in seiner Heimatstadt Quinquennalis gewesen sei. Es ist jedoch sehr fraglich, ob der späte Schreiber hier auf terminologische Richtigkeit geachtet hat oder ob nicht nur gemeint ist, daß der Kaiser in Italica Oberbeamter war.

[67] Zu Carthago Nova, Barcino, Celsa, Ilici und Emporiae vgl. oben Kap. III; zu Valentia S. 12f.; zu der colonia Iulia Victrix Triumphalis Tarraco vgl. Plin. 3, 21 und Vittinghoff, Kolonisation 79; Iluro (Mataró nordöstl. von Barcelona) als oppidum c. R. bei Plin. 3, 22.

[68] Mommsen, Stadtrechte 323; ähnlich B. Galsterer-Kröll, S. 159. In der wahrscheinlich noch latinischen Stadt Carteia gab es Censoren, vgl. oben 9 Anm. 15.

[69] Lex Malac. 63.

[70] Tab. Heracl. (FIRA I² 142 ff.) 142 ff. . . *quae municipia coloniae praefecturae c(ivium) R(omanorum) in Italia sunt erunt, quei in eis municipieis coloneis praefectureis maximum mag(istratum) maximamve potestatem ibei habebit tum, cum censor aliusve quis mag(istratus) Romae populi censum aget* . . . .

[71] CIL II 1256 aus „Osset" (vgl. oben S. 20): L CAESIO L F POLLIONI / AED IIVIR CENSU ET / DUOMVIRATU BENE / ET E R(e) P(ublica) ACTO MUNICIP[es]. Es geht aus der Inschrift klar hervor, daß Pollio, der es ja nur bis zum IIvirat brachte, im Verlauf dieser Magistratur den Census „zum Vorteil seiner Gemeinde" durchführte.

[72] Lex Salp. 24.

[73] Ib. 29 *sive is, a quo postulatum erit, non habebit collegam, collegave eius in eo municipio intrave fines eius municipi nemo erit.*

der oben genannten Regel niemals einen Kollegen hatte, zu verstehen; da jedoch das Gesetz von IIviri allgemein spricht, muß auch sonst gelegentlich der Fall einer einstelligen Obermagistratur eingetreten sein.

Der alleinige oder momentan alleinige IIvir hatte bei der Tutorenbestellung den *ordo* zu befragen. War das Amt jedoch mehrstellig besetzt, so mußte er im Einverständnis mit seinen *collegae* handeln. Das wird im Stadtgesetz mit der merkwürdigen Ausdrucksweise *sive unum sive plures collegas habebit, de omnium collegarum sententia* ... festgelegt[74]. Mommsen erklärte dies damit, daß auch die Aedilen als *collegae* der Duoviri — wie in Rom der Praetor *collega minor consulum* sei — hier eingeschlossen wären[75]. Dies ist jedoch kaum möglich, da der IIvir mit Einschluß der Aedilen ja in jedem Fall *plures collegas* gehabt hätte, der Fall, daß er nur einen Amtsgenossen hatte, also gar nicht hätte eintreten können[76]. Die Normalzahl der rechtsprechenden Obermagistrate konnte also anscheinend gelegentlich nach oben oder unten überschritten werden[77].

Ähnlich verhält es sich bei den Quattuorviri[78]. Mommsen hatte festgestellt[79], daß dieses in vielen Städten belegte Beamtenkollegium aus 2 IIIviri iure dicundo und 2 IIIIviri aedilicia potestate zusammengesetzt war, daß hier also — wenn auch unter einem anderen Namen — dieselbe Organisation vorliege wie in den Städten mit 2 Duoviri und 2 Aedilen. Nun gibt es jedoch einige Gemeinden, in denen inschriftlich 3 IIIIviri i. d. bezeugt sind[80], während in Clunia sogar alle 4 Quattuorviri Oberbeamte gewesen sein dürften[81]. Mithin dürfte die Zahl der mit der Rechtsprechung beauftragten Beamten durchaus variabel gewesen sein. Ob das jedoch hauptsächlich eine finanzielle Maßnahme, also durch die erwarteten Mehreinnahmen an *summae honorariae* bedingt, war oder ob für bestimmte Aufgaben die Zahl der Oberbeamten erhöht wurde (vgl. unten), läßt sich aus den epigraphischen und numismatischen Belegen nicht erkennen. Wenn nur ein Obermagistrat erscheint, so mag das mit einem Mangel an Kandidaten für das Amt zusammenhängen, mit dem schon in den Stadtgesetzen der flavischen Zeit gerechnet wurde[82].

Zum Schluß sei noch auf ein sehr seltenes Amt hingewiesen. Die Grabinschrift eines städtischen Magistrates aus der caesarischen *colonia immunis* Virtus Iulia Itucci (wohl Baena südöstl. von Córdoba)[83] zeigte noch Reste der mit Mennige aufgetragenen

---

[74] Ib. 29 Anfang.

[75] Stadtrechte 325.

[76] Es sei denn in dem unwahrscheinlichen Fall, daß nur ein IIvir und ein Aedil für das Amtsjahr gewählt worden wären; *sive unum sive plures collegas habebit* kann sich nicht auf den Zeitpunkt beziehen, da ein Duovir einen Tutor bestellen sollte, etwa in dem Sinn, daß er gerade nur einen Kollegen hatte, weil die anderen auswärts weilten; *collegam habere* bzw. *non habere* bezieht sich eindeutig auf die kollegiale Besetzung eines Amtes und nicht darauf, ob der *collega* im Moment anwesend war oder nicht.

[77] Nach den Municipalfasten von Venusia (CIL IX 422 = ILS 6123) konnten die Magistrate auch nur für ein halbes Jahr gewählt werden, so daß es auch hierdurch in einem Jahr mehr als zwei IIviri geben konnte. — Es gibt viele Inschriften und städtische Münzen, auf denen jeweils nur ein IIvir oder IIIIvir genannt wird, doch können wir in solchen Fällen kaum je entscheiden, ob es sich hier tatsächlich um alleinige Oberbeamte handelte.

[78] Es soll hier nicht auf die oft erörterte Frage eingegangen werden, ob IIIIviri auch in anderen Gemeinden als in römischen Bürgermunicipien vorkamen, vgl. oben S. 2.

[79] Mommsen, Stadtrechte 325f.

[80] CIL X 411 aus Volcei: 3 *IIIIviri i. d. ex s. c.* in einer offiziellen Weihung; X 5961 aus Signia: 3 *IIIIviri i. d. s. c.* in einer ebenso offiziellen Dedikation.

[81] Vives IV 111f. Es münzen in Clunia IIIIviri die Asstücke (nr. 3—6) und Aedilen die Semis-Prägungen (nr. 7—9). Da jedoch jeweils 4 Personen auf den Münzen als IIIIviri genannt werden und es unwahrscheinlich ist, daß die Aedilen als IIIIviri aedilicia potestate (wie es nach Mommsen sein müßte) an der As-Prägung beteiligt waren und obendrein noch ihre Separatmünzen, nämlich die Semisse hatten, spricht sehr viel für die Annahme, daß alle 4 Quattuorviri in Clunia Oberbeamte, also *iure dicundo* waren. — In Carteia hingegen, das ebenfalls IIIIviri als Beamte hatte, prägten 1 oder 2 dieser Magistrate die Asse (Vives IV 21f., nr. 31, 33, 42), während Aedilen die Semisse schlugen (nr. 19+23). Hier besteht also durchaus die Möglichkeit, daß die Quattuorviri in Wirklichkeit 2 IIIIviri i. d. und 2 Aedilen waren.

[82] Vgl. lex Malac. 51.

[83] Plin. 3, 12; vgl. Vittinghoff, Kolonisation 74 und van Nostrand 1916, 99.

Vorzeichnung, in der der Beamte als *IIvir tertium Cerealis* genannt wurde[84]. Wir können nicht feststellen, warum diese Amtsangabe nicht in den Stein gehauen wurde; es muß jedoch ein solches Amt in Itucci gegeben haben, denn sonst wäre nicht einzusehen, warum der Ordinator der Inschrift es in seinem Entwurf vorsah. Da zu besonderen Zwecken ernannte Duoviri auch sonst bekannt sind (etwa die *IIviri ab aerario* in Gallien[85] und in verschiedenen Städten IIviri für die Nahrungsmittelversorgung ihrer Stadt eingesetzt waren[86], erscheint es nicht abwegig, bei diesem Amt in Itucci ebenfalls einen Vorsteher der municipalen Annona zu vermuten.

C Die städtischen Priesterschaften

Die offiziellen Priester römischer und latinischer Gemeinden waren die von Rom übernommenen Pontifices und Auguren. Nach den uns überlieferten Angaben für Koloniegründungen sollte es in diesen Städten nicht weniger Auguren als Pontifices geben[87]. Erstaunlicherweise sind jedoch aus dem gesamten Reich kaum Auguren bekannt[88]. Es kann dies nicht daran liegen, daß sie etwa nur für die Gründungszeremonien der neuen Städte gebraucht worden wären und das Priesteramt später nicht mehr besetzt worden wäre, denn zumindest in Urso waren den Auguren dauernde Aufgaben angewiesen[89]. Aus demselben Grund kann es sich auch nicht um ein Amt wie das des in Urso noch vorgesehenen Interrex handeln[90], das nur in Ausnahmefällen besetzt wurde und deshalb auch im gesamten Reichsgebiet epigraphisch kaum belegt ist[91].

Wir müssen also vorläufig davon ausgehen, daß die Gründe dafür, daß uns so wenige Auguren bekannt sind, noch im Dunkeln liegen.

In Spanien sind zwar nach dem Index zu CIL II scheinbar relativ viele Auguren belegt, doch handelt es sich hier in der Mehrzahl der Fälle um *Pontifices Aug.* oder *Flamines Aug.*, bei denen nach den epigraphischen Analogien die Auflösung zu *Pontifex* bzw. *Flamen Aug(usti)* o. ä. viel näher liegt[92]. Sicher nachweisbare Auguren gibt es in

---

[84] CIL II 1596 aus dem Familiengrab der Pompei, nach den Cognomina vieler Angehöriger einer iberischen, in das römische Bürgerrecht übernommenen Familie: CN POMPEIUS CN F / GAL AFER AED / IIVIR. Nach den Beobachtungen Guerras, des einzigen, wenn auch sehr zuverlässigen Berichterstatters (Hübner ad loc.) über diese Vorzeichnung war in Zeile 2 *(sub v. 2)* noch FER AED /// VIR und bei der nächsten Zeile noch IIV IIICEREALIS zu lesen. Es würde naheliegen, daraufhin in Z. 2 GAL AFER AED [ii]VIR und in Z. 3 IIV[ir]III CEREALIS zu ergänzen (wie bei AE. 1916, 120; vgl. unten Anm. 86). Damit würde jedoch die Angabe des 2. Duovirates fehlen.
[85] In Vienna: CIL XII 1868 u. ö.; in Lyon: XIII 1684; bei den Senones: XIII 2949; weitere Spezialmagistraturen dieser Art sind bei ILS III 2, p. 689 genannt.
[86] CIL X 1491 in Neapel: *IIvir alimentarum*; AE. 1916, 120 in Sinope: *IIvir IIvir qq., IIvir III pan(is?) et curator annonae*. Die Bezeichnung *Cerealis* wäre in Itucci analog zu den von Caesar geschaffenen, stadtrömischen *aediles pl. cereales* gewählt (Pomponius Dig. 1, 2, 2, 32), doch vgl. auch die *pr(aetores) Cer(eales) i. d. q̄q̄.* in Benevent (CIL IX 1640 u. ö.).
[87] In der lex Ursonensis 67 ist als Normalzahl 3 Auguren und 3 Pontifices vorgesehen. Rullus schlug bei seinen neu zu gründenden Kolonien 10 Auguren und 6 Pontifices vor (Cicero leg. agr. 2, 96).
[88] Die Zahlen bei ILS III, 1 p. 569 und 577 täuschen darüber hinweg, daß wir aus den Provinzen zwar viele Pontifices, aber fast keine Auguren kennen, wie ein Blick in die Indices von CIL III, VIII, XII und XIII zeigt. Zu der problematischen Auflösung von *Aug(. . . .)* zu *Augur* oder *Augustalis* vgl. unten Anm. 92.
[89] Im Stadtgesetz ist ihnen die Aufsicht über die Auspicia und die Veranstaltung der Sacra Publica (zusammen mit den Pontifices) übertragen. Bei einer nur einmaligen Tätigkeit wäre ihnen und ihren Kindern wohl auch nicht die *vacatio militiae et publici muneris* erteilt worden (lex Urson. 66).   [90] Lex Urson. 130.
[91] Z. B. in Narbo, XII 4389, und in Nemausus, ib. 3138.
[92] *Pont. Aug.*: CIL II 1188, 2132, 2149a, 5513, 5547; *Pontifex Augusti*: II 1380 (Doni und Valencuela lasen hier in Z. 3 noch AUGUS); *Pontifex domus Augustae*: II 1663, 2105; *Pontifex divorum et Aug(ustorum)* II 3362; *Pontifex Caesaris primus*: 3350 (nach freundlicher Auskunft von Prof. Géza Alföldy, Bochum, dürfte es sich bei dieser Inschrift allerdings sehr wahrscheinlich um eine Fälschung oder starke Überarbeitung handeln). Bei den *Flamines Aug.* sind nur II 4028, 4525 und HAE 176 fraglich; bei 2159, 3379, AE. 1908, 149 und HAE 566 handelt es sich um *Flamines Augusti*. Hübners Argument zu II 4028, der Titel für Flamines vergöttlichter Kaiser könne nicht *Flamen Augusti*, sondern müsse *Flamen divi Augusti* oder *Flamen divorum et Augustorum* gelautet haben, *Flamen Aug.* sei also immer als *Flamen, Aug(ur)* aufzulösen, ist demnach hinfällig.

8*

Spanien nur drei[93]. Dagegen sind hier sehr viele Pontifices belegt. Bei der Überprüfung der Städte, aus denen diese Priester stammen, ergibt sich wie bei den Duoviri (vgl. oben S. 2), daß keine nachweisbar peregrine Stadt unter ihnen ist[94]. Vergleichbare Untersuchungen für andere Gebiete des Reiches fehlen[94a], doch ergibt sich zumindest für Spanien die Möglichkeit, aus dem Auftreten von Pontifices auf das privilegierte Recht einer Gemeinde zu schließen.

Bei aller Einheitlichkeit des Gesamtbildes zeigten sich also doch recht viele Unterschiede in Einzelheiten der municipalen Organisation. Zusammen mit den schon oben behandelten Besonderheiten einzelner Städte (Praetores IIviri in Celsa, vgl. S. 25; Praetoren in Bocchorus, vgl. S. 52; Quaestoren als ranghöchstes Amt in Sagunt und ebendort auch das Priesterkollegium der Salii, vgl. S. 28f..) ergibt sich also ein Bild, das nur schwer mit einem durch ein „Stadtgesetz" vorgeschriebenen einheitlichen Verwaltungsapparat zu vereinen ist. Es zeigte sich vor allem, daß die Abweichungen von dem „normalen" Aufbau keineswegs in den republikanischen Städten anzutreffen und damit Erbe älterer Traditionen sind (Carteia mit seinen Censoren, Quaestoren und dem Senat macht hier eine Ausnahme), sondern besonders in den Städten der caesarisch-augusteischen Zeit und hier wiederum bei den Bürgergemeinden, sowohl Municipien wie Kolonien. Der Vorgang der Vereinheitlichung, der sonst mit Beginn der Kaiserzeit zu bemerken ist, läßt sich hier demnach noch nicht feststellen. Gelegentlich kommt es sogar, wenn unsere Beobachtungen zu Valentia nicht trügen, noch in der hohen Kaiserzeit zu Erscheinungen wie der — zumindest nominellen — Zweiteilung eines städtischen Rates[95]. Rudolphs Annahme einer von Caesar vorgenommenen Vereinheitlichung wird demnach durch die Verhältnisse zumindest in Spanien also keineswegs gestützt[96]. Man scheint vielmehr auch bei privilegierten Gemeinden provinziale Sonderregelungen annehmen zu müssen; denn es kann kein Zufall sein, daß in Spanien nur in römischen Städten der Tarraconensis Quinquennalen auftreten. Ob solche Vorschriften nun etwa in der *lex provincialis* niedergelegt waren, ob wir u. U. mit einem größeren Entscheidungsspielraum des Statthalters zu rechnen haben oder wie sie im Einzelnen zu erklären sind, bleibt der Vermutung überlassen. Weiterhin scheint aber auch die Entscheidungsfreiheit der einzelnen Städte, etwa bei der Möglichkeit, in einzelnen Jahren mehr Magistrate zu wählen als sonst, größer gewesen zu sein als man oft anzunehmen geneigt ist. Es läßt sich für uns zwar nicht mehr feststellen, warum etwa ein Municipium in einem bestimmten Jahr 3 statt 2 IIviri wählen konnte, doch Analogien wie z. B. der

---

[93] Es sind dies II 5950 aus Ilici, ein IIIVIR IIIIV[ir] / AUG (zu dem Titel IIIvir vgl. Manni, Storia 159 ff., der ihn mit den *IIIviri locorum publicorum persequendorum* in Vienna vergleicht); II 3426 aus Carthago Nova, ein AUG(ur) / QUIN-Q(uennalis), der dort im Auftrag des Stadtrates ein Stück der Stadtmauer errichten ließ (es muß sich hier wohl um einen Augur und (II)vir) $\overline{qq}$. handeln, obwohl *quinquennalis* allein, ohne Hinzufügung von *IIvir*, in Spanien sonst nicht vorkommt); II 2647 aus Vanenza bei Astorga: L COSCONIUS L F / VALLATEN AUGUR / H S E . . . . . Möglicherweise ist *Vallaten(sis?)* eine Domusangabe; dann wäre *Augur* mit großer Wahrscheinlichkeit eine Abkürzung für das Cognomen *Augurinus*. Selbst wenn dies nicht der Fall wäre, würde das fremdartige Cognomen *Vallaten(. . .)*, die Tatsache, daß Cosconius sonst kein Amt angibt, und der weltabgelegene Fundort Bedenken erwecken. — EE VIII 367 nr. 29 gehört nicht in diese Reihe, da es sich dort sicher um einen Flamen Augusti handelt, vgl. Hübner ad loc.

[94] II 5945: M POSTU . . . / PONT AED . . . stammt aus der Gegend des Oberlaufes des Río Segura, nördl. von Huéscar, wo uns keinerlei antike Siedlungen bekannt sind. Der Stein wird also wohl verschleppt worden sein.

[94a] Jetzt bei Ladage a. O., oben 28 Anm. 122.

[95] Vgl. etwa bei Fidenae, das in der Kaiserzeit von IIviri als Oberbehörde, wie es sie während der Republik gehabt hatte (CIL I² 1502), zu den „archaischen" dictatores übergeht (XIV 4058), vgl. Manni, Storia 43.

[96] Sehr kritisch äußerte sich gleich nach dem Erscheinen von Rudolphs Buch M. Cary, The Municipal Legislation of Julius Caesar, JRS. 27, 1937, 48ff.; vgl. jetzt G. Barbieri — G. Tibiletti, lex, DE. 4, 1957, 725 ff. und Schönbauer, Municipia und Coloniae 14f. u. ö. Ob es sich bei der Tafel von Herakleia wirklich um ein caesarisches, allgemeingültiges Städtegesetz handelt, scheint mir sehr zweifelhaft. Ich hoffe, in anderem Zusammenhang auf diese Frage zurückzukommen.

duovir urbis moeniundae bis in Venafrum[97] lassen vermuten, daß dies auch für Aufgaben geschah, die die normalen Oberbeamten zu sehr von ihrer eigentlichen Pflicht, der Rechtsprechung, abgehalten hätten. Auch hier zeigt sich das römische Verwaltungsrecht also keineswegs starr, sondern durchaus elastisch und auf zweckmäßige Ausführung anfallender Aufgaben mehr als auf die Befolgung fester Regeln gerichtet.

[97] CIL X 4876.

ANHANG A

Die „Municipia provinciae Lusitaniae" von CIL II 760

Nach den früheren Abschriften von II 760 soll die berühmte Brücke über den Guadiana bei Alcántara im Jahre 105/06 n. von 11 Municipien der Provinz Lusitanien errichtet worden sein. Diese Inschrift und die Dedikationen an den Kaiser[1] stammen von dem Triumphbogen, der auf der Mitte der Brücke steht, wobei die Inschriften für den Kaiser in die Attika des Bogens gesetzt waren, während die Aufzählung der weihenden Municipien an einem Pylon angebracht gewesen sein soll. Die drei anderen an dieser Stelle zu erwartenden Inschriften (s. u.) sind verschwunden. Im 19. Jahrhundert war die Municipieninschrift völlig unleserlich geworden[2], obwohl sie bereits seit längerer Zeit in das Innere des Bogens versetzt worden war. Unter Isabella II. wurden die Inschriften und der Bogen dann einer Generalrestauration unterzogen, d. h. die Inschriften wohl nach früheren Abschriften erneuert[3], und bei dieser Gelegenheit II 760 wieder an seinen alten Platz außen am Bogen zurückversetzt[4]. Der Text dieser Inschrift lautet: MUNI-CIPIA / PROVINCIAE / LUSITANIAE STIPE / CONLATA QUAE OPUS / PONTIS PERFECERUNT / IGAEDITANI / LANCIENSES OPPIDANI / TALORI / INTER-ANNIENSES / COLARNI / LANCIENSES TRANSCUDANI / ARAVI / MEIDU-BRIGENSES / ARABRIGENSES / BANIENSES / PAESURES. Hierbei fällt sofort auf, daß neben den städtischen Gemeinden mit Namen auf -*enses* hier mindestens vier „municipia" auftauchen, die einen Stammesnamen tragen: Talori, Colarni, Aravi, Paesures. Es ist schwer vorstellbar, daß sich ein Municipium, selbst wenn es Stammesmittelpunkt etwa der Paesures gewesen sein sollte, einfach mit deren und nicht mit seinem Individualnamen hätte bezeichnen sollen[5].

Untersucht man dann die weitere inschriftliche Überlieferung zu den 11 Gemeinden[6], so ist bei keiner ein Anzeichen für Municipalrecht zu finden: die Igaeditani werden 16 v. und 3/4 n. als *civitas* genannt[7]. Später sind dort zwar mehrere Personen mit der Tribus Quirina bezeugt[8], doch fehlt trotz vieler Inschriften jeder Hinweis auf höheres Stadtrecht[9]. Die Aravi werden noch unter Hadrian zweimal als *civitas* genannt[10], ebenso, wenn auch undatiert, die Banienses[11]. Arabriga war nach Plinius stipendiar[12], ebenso

---

[1] II 759 = Smallwood, Documents 1966, 389.
[2] Hübner CIL II p. 90: *nunc vero adeo evanida est, ut nihil nisi olim inscriptam fuisse idque aegre agnoscas.*
[3] Vgl. die Inschrift *Elisabeth regina titulum et memoriam restituit.*
[4] C. Fernández Casado, Puente de Alcántara, Informes de la Construcción (Revista de Información Técnica) 9, 1956, 560 ff.
[5] Es gäbe hierzu in Spanien keine Parallele.
[6] Soweit die genannten Gemeinden bei Plinius erscheinen, werden sie alle als tributpflichtig bezeichnet, vgl. unten.
[7] AE. 1961, 349/50.
[8] Vgl. Almeida, Egitânia 79.
[9] Bei HAE. 1065 MUNIDI IGAED handelt es sich sichtlich um eine Weihung an eine Lokalgottheit, nicht um eine Verschreibung von MUNI⟨c⟩I(pii); vgl. die Weihung aus Los Villares (Cat. Mon. Cáceres, Madrid 1924, 129 nr. 353) MUNIDI EBE / ROBRIGAE / TOUDOPALA / N DAIGAEAM / MAIA BOUTIIA; vgl. ArchEspArq. 40, 1967, 117.
[10] II 429: 118 n. (zum Datum vgl. A. Vasco Rodrigues, Lucerna 1/2, 1961/62, 22); AE. 1954, 87: 119 n.; undatiert AE. 1952, 109.
[11] II 2399 (vgl. CIL II p. XLIV), HAE. 1647.
[12] Plin. 4, 118.

Meidubriga[13], die Colarni[14] und die Interannienses[15]. Bei den Paesures und Talori ist über die stadtrechtliche Stellung überhaupt nichts bekannt. Dasselbe gilt für die Lancienses Oppidani. Plinius nennt Lancienses als stipendiare Gemeinde der Lusitania[16] und als *populus* des asturischen Convents der Tarraconensis[17], ohne beide durch Beinamen zu unterscheiden. Λαγκία Ὀππιδάνα erscheint bei Ptolemaeus als Stadt der Vettones[18], die nach seinen Koordinaten etwa zwischen Salmantica (Salamanca) und Augustobriga (Talavera la Vieja) liegt. Da es aber eine gemeinsame Grenze zwischen den Igaeditani (um Idanha a Velha) und den Lancienses Oppidani gab[19], müßte man die Stadt weiter westlich vermuten. Die Annahme, das Stadtgebiet von Lancia Oppidana sei so groß gewesen, daß es von der durch Ptolemaeus bezeichneten Region bis zu den Igaeditani gereicht habe, ist unwahrscheinlich, da zwischen beiden die Territorien von Caurium (Coria), Capera (Caparra, bei Plasencia) und Mirobriga (Ciudad Rodrigo) liegen. Wahrscheinlich liegt also ein Fehler bei Ptolemaeus vor. — Lancienses Transcudani werden in Inschriften aus Emerita[20] und aus der Gegend von Guimarães im Convent Bracara Augusta der Tarraconensis genannt[21], doch ergibt sich dadurch keine Möglichkeit, ihre Stadt zu lokalisieren. Da auch aus dem Gerichtsbezirk der Astures ein *Lanciensis* bekannt ist, der in seiner Heimatgemeinde IIvir und außerdem Priester des Convents und der Provinz war[22], muß auch Plinius' Angabe, es habe ein Lancia auch in der Tarraconensis gegeben, stimmen. Wir hätten demnach mit 2 unlokalisierten Lancia (Oppidana und Transcudana) in der Lusitania und einem Lancia im Konvent der Astures zu rechnen, das Municipalrang erreicht hatte, da seine Oberbeamten IIviri genannt werden[23]. Für die beiden lusitanischen Lancia läßt sich jedoch keine privilegierte Stellung ermitteln. Es sind demnach einige der in II 760 genannten *municipia* nur als *civitates*, teils noch unter Hadrian, belegt, bei den anderen ist jedenfalls keine Spur von Municipalrecht zu entdecken. Hübner glaubte, in der Inschrift werde *municipia* untechnisch gebraucht und verweist dabei auf die Juristen, die auch gelegentlich *municipium* für Städte jeder Rechtsstellung verwendeten[24]. Dies scheint jedoch bei einer hochoffiziellen Inschrift traianischer Zeit, wenn man die inschriftliche Überlieferung auch im übrigen Reich überprüft, kaum glaubhaft[25]. Der Inhalt der Inschrift erweckt also bereits Bedenken gegen ihre Echtheit. Diese verstärkten sich, wenn man die äußere Form der Inschrift betrachtet. Die Stifterinschrift soll viermal an dem Bogen gestanden haben, nämlich jeweils an den beiden Seiten des Durchgangs durch den Bogen. Nach dem bei H. Kähler gesammelten Material[26] wurde jedoch bei offiziellen Triumphbögen die Inschrift immer in die Attika gesetzt; nur bei Bögen, die von Privaten erbaut wurden, finden sich Inschriften auch an den Pylonen[27], wie es z. B. bei dem Bogen der Fall ist,

---

[13] Plin. a. O.; bellum Alex. 48, 2 *oppidum;* die Schreibung wechselt zwischen Meidubriga, Medubriga und Medobriga.
[14] Plin. a. O.
[15] Plin. a. O., vgl. Hübner zu II 509.
[16] Plin. a. O.
[17] 3, 28.
[18] 2, 5, 7.
[19] II 460 ein Grenzstein zwischen beiden Gemeinden aus augusteischer Zeit.
[20] II 5261.
[21] EE. VIII 400 nr. 112.
[22] II 4223.
[23] Zur Lokalisierung dieses Lancia vgl. Fr. Vittinghoff, Die Entstehung von städtischen Gemeinwesen in der Nachbarschaft römischer Legionslager — ein Vergleich Léons mit den Entwicklungslinien im Imperium Romanum (vgl. oben 35 Anm. 51) 352.
[24] CIL II p. 95.
[25] Anders T. R. S. Broughton, Municipal Institutions in Roman Spain, Cahiers d'histoire mondiale 9, 1965, 137.
[26] H. Kähler, Triumphbogen, RE. 7 A, 1939, 373 ff.
[27] a. O. 429, nr. 12 und 12b; 456 nr. 12b u. ö.

den in Capara, 70 km von Alcántara entfernt, ein M. Fidius Macer seinen Eltern errichten ließ[28]. Mithin ist auch die Anbringung der Inschrift, wie sie bei diesem Monument erscheint, für offizielle Bauwerke dieser Art ganz ungewöhnlich.

Anstoß erregt schließlich auch die Überlieferung von II 760. Es wäre schon für sich genommen unwahrscheinlich, daß von 4 Pyloninschriften, die an leicht erreichbarer Stelle angebracht waren, eine einzige erhalten geblieben sein soll, ohne daß man an ihr Beschädigungsspuren finden könnte, die einen Versuch, den Stein aus dem Bauwerk zu brechen, anzeigten. Dazu kommt, daß die Inschrift nach alten Abbildungen[29] von Metallhändchen gehalten war. Selbst wenn diese Hände antik gewesen wären, ist es so gut wie ausgeschlossen, daß sie den Metallhunger des Mittelalters überstanden haben sollten. Schließlich ist es auch kaum verständlich, wie die Inschrift die ersten 1400 Jahre ihrer Existenz bis zu den ersten Abschriften aus dem Ende des 15. Jahrhunderts so gut erhalten überstanden haben sollte, daß sie damals noch vollständig lesbar war, seitdem aber, obwohl sie in das Innere des Bogens versetzt wurde und damit den Witterungseinflüssen weit weniger ausgesetzt war, so sehr verwittert wäre, daß man schon zu Hübners Zeit kaum noch erkennen konnte, ob der Stein jemals beschrieben war[30].

Diese Überlegungen, die durch die inhaltlichen und formellen Anstöße der Inschrift bestätigt werden, dürften die Annahme sicherstellen, daß wir es hier mit einer Fälschung zu tun haben, die dann nach dem oben gesagten vor dem Ende des 15. Jahrhunderts geschehen sein müßte. Eine Möglichkeit wäre, daß die Idee, an den Pylonen des Bogens eine Inschrift anzubringen, von dem Bogen von Caparra ausging.

---

[28] a. O. 424 nr. 7, CIL II 834.
[29] Vgl. die Zeichnung Francisco de Hollandas in HE 580 und bei Almeida, Egitânia Abb. 169. Ein Finger von einer dieser Hände soll nach Hübner damals noch im Museum der Real Academia de Historia de Madrid vorhanden gewesen sein.
[30] Hübner CIL II p. 90.

ANHANG B

Listen der privilegierten Gemeinden in den iberischen Provinzen

In die folgenden Listen wurden alle Städte aufgenommen, bei denen sich ein höheres Stadtrecht wahrscheinlich machen läßt, d. h.

1. die als Municipien oder Kolonien inschriftlich oder auf Münzen bezeugt sind;
2. bei denen IIviri oder IIIIviri belegt sind (vgl. oben 2);
3. für die bei Plinius höheres Stadtrecht belegt ist (vgl. oben 4);
4. bei denen der Beiname für privilegierte Rechtsstellung spricht (vgl. oben 5 Anm. 32).

Die Städte sind innerhalb der einzelnen Provinzen durchgezählt und ihre Nummern entsprechen denen der Übersichtskarte am Ende des Buches. Es wurden jeweils angegeben: die Lokalisierung der Stadt, soweit einigermaßen gesichert, Beinamen und Rechtsstellung mit ihrer Datierung (wenn bekannt; entsprechend dem Zweck der Listen ist bei den Belegen hierfür keine Vollständigkeit angestrebt und auch mit Ausnahme der oben im Text behandelten Fälle auf die Diskussion einzelner Belege verzichtet worden) und, soweit vorhanden, neuere Literatur. Es schien entbehrlich, sämtliche Artikel der RE (soweit sie nicht an versteckter Stelle oder in Supplementen erschienen) zu verzeichnen, ebenso wie auf die Anführung der oben 17 Anm. 1 genannten Literatur verzichtet wurde. Wenn möglich, wurden die jüngsten Untersuchungen zitiert, deren Literaturangaben den Benutzer dann weiterführen.

I BAETICA

1 ACINIPO (Ronda la Vieja)
IIviri (II 1348 u. ö.). Nach II 1346 war A. möglicherweise schon unter Augustus privilegiert.
E. Ortega Rodríguez, La Ciudad de Acinipo, Málaga 1963.

2 ANTICARIA (Antequera)
Municipium (II 2034), wahrscheinlich des Galba, vgl. oben 35 f.

3 — (Arcos de la Frontera)
Municipium (II 1362).

4 ARTIGI (—)
A. quod Iulienses (Plin. 3, 10). Nach dem Beinamen wohl vor 27 v. privilegiert.

5 ARUNDA (Ronda)
IIvir (II 1359).

6 ARVA (Peña de la Sal)
Municipium Flavium A. (II 1060 u. ö.), vgl. oben 47 Anm. 76.

7 ASIDO (Medina Sidonia)
Municipium A. Caesarina (II 1305 u. ö.), jeden-

falls bis 2 n.; später Kolonie (II 5407, vgl. Plin. 3, 11); vgl. oben 20.

8 ASTIGI (Ecija)
Colonia A. Augusta Firma (II 1471 u. ö., vgl. Plin. 3, 12), augusteisch.

9 AXATI (Lora del Río)
Municipium Flavium A. (II 1055).

10 BAELO (Bolonia)
Wohl identisch mit dem augusteischen Municipium (?) Iulia Traducta; später vielleicht Kolonie des Claudius; vgl. oben 32 ff.
C. Domergue, La Campagne de Fouilles 1966 à Bolonia, Crónica X Congr. Nac. Arq., Mahón 1967 (Zaragoza 1969) 442 ff.

11 BARBESULA (Torre de Guadiaro)
Municipium (II 1941), vgl. oben 33 Anm. 27.

12 — (Bujalance)
IIvir (II 2150).

13 — (Burguillos)
IIvir (II 5354 u. ö.).

14 CALLET (?) (El Coronil)
Aeneanici Callenses (EE VIII 522 nr. 306, vgl.

Plin. 3, 14); nach dem Beinamen seit Caesar privilegiert.

15 CANAMA (Villanueva del Río)
Municipium Flavium C. (II 1074 u. ö.).

16 CARISA
C. Aurelia ... Latinorum (Plin. 3, 15), vgl. oben 22 Anm. 53.

17 CARMO (Carmona)
IIvir, IIIIvir (II 1380, 1379)
J. Hernández Díaz u. a., Carmona. Catálogo Arqueológico, Sevilla 1943.

18 CARTEIA (El Rocadillo)
Latinische Kolonie seit 171 v. (Liv. 43, 3, 1 ff.), vgl. oben 7 ff.
D. E. Woods u. a., Carteia. ExcArqEsp. 58, Madrid 1967.

19 CARTIMA (Cártama)
Municipium (II 1956 u. ö.), möglicherweise nach 53/54 n. (vgl. II 1953).

20 CISIMBRIUM (Zambra)
Wohl flavisches Municipium latinischen Rechts, vgl. oben 43.

21 CONOBARIA
Municipium (AE. 1955, 42), vgl. oben 21 Anm. 43.
A. Balil, Conobaria. Un problema de la topografia de la Bética, Emerita 26, 1958, 129 f.

22 CORDUBA (Córdoba)
Colonia Patricia C. (II 3278 u. ö., vgl. Plin. 3, 10); wohl latinischen Rechts seit dem 2. Jahrhundert v. Chr., später augusteische Bürgerkolonie; vgl. oben 9 f.

23 EBORA
E. Cerealis (Plin. 3, 10); nach dem Beinamen privilegiert.

24 EPORA (Montoro)
Municipium (II 2156); nach Plin. 3, 10 noch „foederatorum".

25 GADES (Cádiz)
Municipium Augustum G. (II 1313 u. ö., vgl. Plin. 4, 119), Gemeinde römischer Bürger seit Caesar; vgl. oben 17 ff.
A. M. de Guadán, Las monedas de Gades, Madrid 1963.

26 HASTA (Asta b. Jerez)
Colonia H. Regia (Plin. 3, 11; Mela 3,4), wohl caesarisch; vgl. oben 22.
M. Esteve Guerrero, Excavaciones de Asta Regia (InfMemExcArq. 12), Madrid 1950.

27 HISPALIS (Sevilla)
Colonia H. Romula (II 1178 u. ö., vgl. Plin. 3, 11), caesarisch; vgl. oben 19.

28 IGABRUM (Cabra)
Wohl flavisches Municipium latinischen Rechts, vgl. oben 43.
Keune, RE. Suppl. 3, 1918, 1201 f.

29 ILIBERRI (b. Granada)
Municipium Florentinum I. (II 1572 u. ö., vgl. Plin. 3, 10).
Keune, RE. Suppl. 3, 1918, 1211 ff.

30 ILIPA (Alcalá del Río)
I. cognomine Ilia (II 1475, vgl. Plin. 3, 11), nach dem Beinamen seit Caesar privilegiert.
Keune, RE. Suppl. 3, 1918, 1222 ff.

31 ILIPULA
I. quae Laus (Plin. 3, 10); nach dem Beinamen privilegiert.
Keune, RE. Suppl. 3, 1918, 1225.

32 ILIPULA MINOR (Repla?)
IIvir oder IIIIvir (II 1470).
Keune, RE. Suppl. 3, 1918, 1225 f.

33 ILITURGICOLA (b. Alcalá la Real)
IIvir (II 1648).
Keune, RE. Suppl. 3, 1918, 1228 f.

34 ILLITURGI (b. Andújar)
I. quod Forum Iulium (Plin. 3, 10); privilegiert nach dem Beinamen vor 27 v., Kolonie spätestens seit Hadrian; vgl. oben 13.
A. Blanco—G. Lachica, De situ Iliturgis, ArchEspArq. 33, 1960, 193 ff.

35 ILURCO (Pinos Puente b. Granada)
IIviri (Gómez-Moreno a. O.).
M. Gómez-Moreno, El municipio Ilurconense, in: Misceláneas G.-M. I (Madrid 1949) 391 ff.

36 ILURO (Alora)
Wohl flavisches Municipium latinischen Rechts, vgl. oben 50 Anm. 97

36a) ... IPA
Municipium Flavium ... ipense (II 1192).

37 IPOLCOBULCOLA (?) (b. Priego)
Municipium Polconensium (II 1646, wenn hierher gehörig; vgl. AE. 1915, 10).

38 IPSCA (Iscar)
Municipium Contributum I. (II 1572 u. ö.), vgl. oben 52.

39 ISTURGI (b. Andújar)
Municipium Triumphale I. (II 2121, vgl. Plin. 3, 10), wohl caesarisch.

40 ITALICA (Santiponce)
Municipium spätestens 47 v., unter Hadrian
Colonia Aelia Augusta I., vgl. oben 12f.
A. García y Bellido, Colonia Aelia Augusta
Italica, Madrid 1960.

41 ITUCCI (Baena)
Colonia Virtus Iulia I. (Plin. 3, 12; IIviri: II
1585 u. ö.), wohl caesarisch.

41a—(Tejada la Vieja b. Sevilla)
IIvir (II 1258).

42 IULIPA (Zalamea)
Municipium I. (II 2352 von 101 n.).
A. García y Bellido—J. Menéndez Pidal, El
distylo sepulcral Romano de Iulipa. Anejos
de ArchEspArq. III, Madrid 1963.

43 LACIMURGA (Villavieja de Alcocér)
L. quae Constantia Iulia (Plin. 3, 14); nach
dem Beinamen seit Caesar privilegiert.

44 LACIPPO (Alechipe b. Casares)
IIvir (II 1936).

45 LAEPIA
L. Regia . . . Latinorum (Plin. 3, 15).

46 LUCURGENTUM (Morón de la Frontera)
L. quod Iuli Genus (Plin. 3, 11), nach dem Beinamen seit Caesar privilegiert.

47 MALACA (Málaga)
Municipium Flavium M. (II 1964), latin.
Rechts; vgl. oben 38.

48 MELLARIA (Fuente Ovejuna)
Municipium (II 2343 u. ö.).

49 MIROBRIGA (Capilla b. Almadén)
Municipium (II 2365).

50 MUNDA (b. Montilla)
Kolonie vor 45 v. (Plin. 3, 12), vgl. oben 14.

51 MUNIGUA (Mulva)
Municipium Flavium M. (II 1378 u. ö.), viel-
leicht latinischen Rechts, vgl. oben 42f.
T. Hauschild, Ausgrabungen in Munigua. Neue
Kampagnen bis 1967, AA. 83, 1968, 358ff.

52 MURGI (b. Almería)
Municipium (II 5489).

53 NABRISSA (b. Lebrija)
N. cognomine Veneria (Plin. 3, 11), nach dem
Beinamen seit Caesar privilegiert; vgl. oben
21.

54 NAEVA (Cantillana b. Sevilla)
Municipium Flavium N. (AE 1958, 39).
F. Collantes de Terán, Cantillana (Sevilla),
NoticiarioArqHisp. 2, 1953, 134ff.

55 NERTOBRIGA (Frejenál)
Municipium Concordia Iulia N. (EE. VIII 382
nr. 82, vgl. Plin. 3, 14).
A. Beltrán, Sobre la situación de Nertóbriga
de Celtiberia, Crónica VIII Congr. Nac.
Arq., Sevilla-Málaga 1963 (Zaragoza 1964),
277ff.

56 NESCANIA (Escaña)
Municipium Flavium N. (II 2009 u. ö.).

57 . . . NISI (Palomares b. Sevilla)
IIIIvir (II 1271).

58 OBA (Jimena de la Frontera)
IIvir (II 1330 u. ö.).

59 OBULCO (Porcuna)
Municipium Pontificense O. (II 2131 u. ö., vgl.
Plin. 3, 10).
M. Heredia Espinosa, Monedas de Obulco,
BolAcadCórdoba 33, 1962, 180.

60 OCURRI (Ubrique)
Municipium (II 1338).

61 ONINGI (zwischen Casariche und Puente Genil)
Municipium Flavium O. (Luzón a. O.).
J. M. Luzón, El municipio Flavio Oningitano,
ArchEspArq. 41, 1968, 150ff.

62 ONOBA (b. Huelva)
Kolonie (AE. 1963, 109), vgl. oben 21.

63 OSCUA (Cerro de León)
Municipium (II 2030).

64 OSSET (Triana)
Municipium Iulia Constantia O. (II 1256, vgl.
Plin. 3, 11); vgl. oben 20.

65 OSSIGI (b. Maquiz)
O. Latonium (Plin. 3, 10; vgl. II 3351), nach
dem Beinamen seit Caesar privilegiert.

66 REGINA
C. R. Regina (Plin. 3, 15).

67 SABORA (Cañete la Real)
Municipium, seit 77 n. „Flavium" (II 1423),
vgl. oben 41f.

68 SACILI (El Carpio b. Córdoba)
Municipium Martialium S. (II 2186 u. ö., vgl.
Plin. 3, 10), wohl caesarisch.

69 SALPENSA (Facialcazar)
Municipium Flavium S. (II 1286 u. ö.), latinischen Rechts; vgl. oben 38.

70 — (San Lúcar la Mayor b. Sevilla)
IIvir (II 1266; allerdings sehr schlecht überliefert).

9*

71 SEGIDA I
S. Augurina (Plin. 3, 10); nach dem Beinamen seit Caesar privilegiert.

72 SEGIDA II
S. Restituta Iulia (Plin. 3, 14); nach dem Beinamen seit Caesar privilegiert.

73 SERIA (b. Jerez de los Caballeros)
S. Fama Iulia (Plin. 3, 14; vgl. EE. VIII 520 nr. 303); nach dem Beinamen seit Caesar privilegiert.

74 SEXI (Almuñécar)
S. Firmum Iulium (Plin. 3, 8; vgl. Vives III 21 nr. 14); nach dem Beinamen seit Caesar privilegiert.

75 SIARUM (b. Utrera)
Municipium S. Fortunales (II 1276 u. ö.; vgl. Plin. 3, 14), wohl caesarisch.

76 SINGILIA BARBA (El Castillón b. Antequera)
Municipium Flavium Liberum S. B. (II 2025 u. ö.), vgl. oben 54f.

77 SOSONTIGI (?) (Alcaudete)
Municipium Flavium S. (II 1721).

78 SUEL (Fuengirola)
Municipium (II 1944).

79 TUCCI (Martos b. Jaén)
Colonia Augusta Gemella T. (II 3278, vgl. Plin. 3, 12), augusteisch.
A. Cabezón, Epigrafia Tuccitane, ArchEspArq. 37, 1964, 106 ff.

80 U . . . (Azuaga)
Municipium Iulium U. (II 5544 u. ö.), vgl. oben 23.

81 UCUBI (Espejo b. Córdoba)
Colonia Claritas Iulia U. (II 656 u. ö., vgl. Plin. 3, 12), caesarisch.

82 UGIA (Cabezas de S. Juan)
Municipium Martium U. (? AE. 1952, 49 von 6 n.), wohl caesarisch.

83 UGULTUNIA (b. Zafra)
Municipium Contributa Iulia U. (II 1025, vgl. Plin. 3, 14), vgl. oben 20f.

84 ULIA (Montemayor)
Municipium U. Fidentia (II 1534 u. ö., vgl. Plin. 3, 10), spätestens 4 n. (II 1534).

85 URGAO ALBA (Arjona)
Municipium U. A. (II 2105 u. ö., vgl. Plin. 3, 10), spätestens 11/12 n. (II 2106).

86 URGIA
U. Castrum Iulium item Caesaris Salutariensis . . .Latinorum (Plin. 3, 15). Nach den Beinamen handelt es sich um 2 privilegierte Gemeinden, vgl. oben 5 Anm. 33.

87 URSO (Osuña)
Colonia Genetiva Iulia Urbanorum U. (II 5439 u. ö., vgl. Plin. 3, 12), kurz nach 44 v.; vgl. oben 8 Anm. 11.
J. le Gall, La date de la lex Coloniae Genetivae Iuliae . . ., RPh. 20, 1946, 139 ff.

88 USAEPO (b. Cortés)
Municipium (II 1341).

89 VENTIPO (b. Casariche)
Municipium (II 1468).

90 VESCI
V. Faventia (Plin. 3, 10); nach dem Beinamen privilegiert.

II LUSITANIA

1 AMMAIA (Aramenha b. Marvão)
Municipium nach Claudius, vgl. oben 46 Anm. 69, 47 Anm. 74.
F. Russell Cortes, Zeph. 4, 1953, 505.

2 BALSA (Tavira)
IIvir (II 4990).
A. Viana, Balsa y la Necrópolis Romana de las Pedras d'el-Rei, ArchEspArq. 25, 1952, 261 ff.

3 — (Bobadella b. Oliveira de Hospital)
Municipium (II 401).

4 CAESAROBRIGA (Talavera de la Reina)
Municipium (II 895).

5 CAPERA (Caparra)
IIvir II (Blázquez a. O. I 59 nr. 7).
J. M. Blázquez, Caparra I, II ExcArqEsp. 34, 54, Madrid 1965, 1966.

6 COLLIPPO (S. Sebastião do Freixo b. Leiría)
Municipium (VI 16100).

7 EBORA (Evora)
Municipium Liberalitas Iulia E., latinischen Rechts (II 114 u. ö., vgl. Plin. 4, 117); caesarisch.

8 EBUROBRITTIUM (Sanhora da Abobriz b. Obidos)
IIvir (AE. 1936, 106; Municipium, falls II 39* echt ist).

9 EMERITA AUGUSTA (Mérida)
Kolonie (AE. 1952, 49 u. ö., vgl. Plin. 4, 117), um 25 v.; vgl. oben 23.

M. Almagro, Mérida. Guía de la Ciudad, Mérida 1965².

10 METELLINUM (Medellín)
Colonia Caecilia M. (Plin. 4,117; IIvir: II 610); wohl caesarisch; vgl. oben 14.

11 MIROBRIGA (Santiago do Caçém)
Municipium Flavium M. (II 25); vgl. oben 46 Anm. 72.
F. de Almeida, Ruinas de Miróbriga dos Celticos, Edição da Junta Distrital de Setubal 1964.

12 MYRTILIS (Mértola)
Municipium, latinischen Rechts (II 15, vgl. Plin. 4, 117); wohl caesarisch.
L. F. Delgado Alves, Aspectos da Arqueología em Myrtilis, Arq. de Beja 13, 1956, 21 ff.

13 NORBA (Cáceres)
Colonia N. Caesarina (II 694, vgl. Plin. 4, 117); um 35 v.; vgl. oben 23 f.
C. Callejo Serrano, Arqueologia de Norba Caesarina, ArchEspArq. 41, 1968, 121 ff.

14 OLISIPO (Lisboa)
Municipium O. Felicitas Iulia, römischer Bürger (II 176 u. ö., vgl. Plin. 4, 117), wohl caesarisch; vgl. oben 42.
F. Castelo Branco, Problemas de Lisboa Romana, Revista Municipal (Lisboa) 22, 1961, 61 ff.

15 OSSONOBA (Estoi b. Faro)
IIvir (II 5141).

16 PAX IULIA (Beja)
Colonia P. I. (II 47 u. ö., vgl. Plin. 4, 117), wohl caesarisch.
F. N. Ribeiro, Pre-história e a origem de Beja, Arq. de Beja 17, 1960, 3 ff.

17 SALACIA (Alcacer do Sal)
Municipium S. Imperatoria, latinischen Rechts (II 32 u. ö., vgl. Plin. 4, 117), wohl caesarisch.

18 SCALLABIS (Santarém)
Colonia S. Praesidium Iulium (II 35, vgl. Plin. 4, 117), wohl caesarisch.
García y Bellido, Colonias de Lusitania 21 f.

19 TRUTOBRIGA (?) (S. Tomas das Lamas b. Cadaval)
Municipium Flavium T. (? EE. VIII 518 nr. 301), vgl. oben 46 Anm. 73.

III TARRACONENSIS

1 ACCI (Guadix)
Colonia Iulia Gemella A. (II 3391 u. ö., vgl.

Plin. 3, 25), wohl frühaugusteisch.
García y Bellido, Colonias 474 f.

2 AESO (Isona)
IIviri, IIIIvir (II 4464 ff.).
R. Pita Mercé, Prospección arqueológica en Isona (Lérida), Ampurias 25, 1963, 219 ff.

3 — (Albarracín b. Teruel)
IIvir (II 3174).

4 AQUAE FLAVIAE (Chaves)
Municipium A. F. (vgl. oben 47 Anm. 75); nach 79 n. (II 2477).

5 ASTURICA AUGUSTA (Astorga)
IIvir (AE. 1921, 6—9), vgl. oben 30.
J. M. Luengo Martínez, Astorga Romana, NoticiarioArqHisp. 5, 1956/61, 152 ff.

6 AUGUSTOBRIGA (Muro de Agredo b. Soria)
Municipium (II 4277), vgl. oben 17 Anm. 6.

7 AURGI (Jaén)
Municipium Flavium A. (II 3362 u. ö.).

8 AUSA (Vich)
Latinorum Ausetani (Plin. 3, 23).

9 BAESUCCI (Vilches b. Cazlona)
Municipium Flavium B. (II 3251).

10 BAETULO (Badalona)
Oppidum c. R. (Plin. 3, 22).
J. M. Cuyás Tolosa, Orígines de la Romana Baetulo, Crónica VII Congr. Nac. de Arq., Barcelona 1961 (Zaragoza 1962) 358 ff.

11 BARCINO (Barcelona)
Colonia Faventia Iulia Augusta Paterna B. (AE. 1957, 26 u. ö., vgl. Plin. 3, 22), wohl augusteisch; vgl. oben 27 f.
A. Balil, Colonia Iulia Augusta Paterna Faventia Barcino (Bibliotheca Archaeologica IV), Madrid 1964.

12 BILBILIS (b. Calatayud)
Municipium Augusta B., röm. Bürger (Vives IV 54 ff., nr. 11 ff.; vgl. Plin. 3, 24), augusteisch; vgl. oben 25.
M. Dolç, Semblanza arqueológica de Bilbilis, ArchEspArq. 27, 1954, 179 ff.

13 BISCARGIS
C. R. . . . Biscargitani (Plin. 3, 23).

14 BLANDAE (Blanes)
Oppidum c. R. Blandae (Plin. 3, 22).
J. de Serra Ráfols, Forma Conventus Tarraconensis I (Baetulo, Blandae), Barcelona 1928, 74 ff.

15 BOCCHORUS (b. Alcudia/Mallorca)
Praetores (II 3695 von 6 n.), vgl. oben 52.

16 BRIGIAECIUM (b. Benavente)
IIvir (II 6094).

17 CAESARAUGUSTA (Zaragoza)
Kolonie (II 4249, vgl. Plin. 3, 24) zwischen 27
und 12 v., vgl. oben 27.
A. Beltrán Martínez, Las monedas antiguas
de Zaragoza, Numisma 6, 1956, 9 ff.

18 CALAGURRIS (Calahorra)
Municipium C. Iulia, röm. Bürger (Vives IV
96 ff. nr. 3 ff., vgl. Plin. 3, 24), vor 27 v.
M. Ruiz Trapero, Las acuñaciones hispano-
romanas de Calagurris, Barcelona 1968.

19 CARTHAGO NOVA (Cartagena)
Colonia Urbs Iulia N. C. (II 5941 u. ö., vgl.
Plin. 3, 19), vor 27 v.; vorher vielleicht Mu-
nicipium, vgl. oben 29.
García y Bellido, Homenaje Mergelina 369 f.

20 CASCANTUM (Cascante)
Municipium latinischen Rechts (Vives IV 108,
vgl. Plin. 3, 24).

21 CASTULO (Cazlona)
Municipium Caesarii (?) Iuvenales (?) C., latinischen Rechts (II 3278 u. ö., vgl. Plin. 3,
25); wohl caesarisch.
P. Spranger, Zur Lokalisierung der Stadt Castulo, Historia 7, 1958, 95 ff.

22 CELSA (Velilla del Ebro)
Colonia Victrix Iulia Lepida bzw. nach 36 v.
Victrix Iulia C. (Vives IV 102 ff., vgl. Plin. 3,
24); gegründet wohl 48/47 v., vgl. oben 24 f.

23 CERRETANI IULIANI (in der Cerdaña)
Latinorum C. I. (Plin. 3, 23), vgl. oben 30.

24 CERRETANI AUGUSTANI (in der Cerdaña)
Latinorum C. A. (Plin. 3, 23), vgl. oben 30.

25 CINIUM (Sineu/Mallorca)
Oppidum Latinum (Plin. 3, 77).
E. Hübner, RE. 7, 1912, 1932.

26 CLUNIA (Peñalba de Castro b. Coruña del
Conde)
Municipium wohl unter Tiberius, Kolonie wohl
unter Galba, vgl. oben 35.
P. de Palol Salellas, Clunia Sulpicia. Ciudad
Romana, Burgos 1959.

27 CONSABURA (Consuegra)
Municipium (II 4211).

28 DERTOSA (Tortosa)
Municipium Hibera Iulia Ilercavonia D., röm.
Bürger (Vives IV 17 f., vgl. Plin. 3, 23), wohl
caesarisch; später Kolonie, vgl. oben 31 f.
A. García y Bellido, Dos problemas de la

romanización en Tarragona: las colonias
Tarraco y Dertosa, BolArqTarrac. 62/63,
1962/63, 3 ff.

29 DIANIUM (Denia)
Municipium (II 3580 u. ö.).

30 EBUSUS (Ibiza)
Municipium Flavium E. (II 3663).
J. Macabich, Insula Augusta, ArchEspArq. 26,
1953, 220 ff.

31 EGARA (Tarrasa)
Municipium Flavium E. (II 4494).

32 EMPORIAE (Ampurias)
Municipium röm. Bürger (Vives IV 6 nr. 1,
vgl. Livius 34, 9, 1 ff.), unter Augustus; vgl.
oben 26 f.
R. Grosse, RE. Suppl. 9, 1962, 34 ff.

33 ERCAVICA
Municipium latin. Rechts (Vives IV 109 ff.,
vgl. Plin. 3, 24); augusteisch.

34 FLAVIOBRIGA
Kolonie wohl unter Vespasian (Plin. 4, 110), vgl.
oben 48 Anm. 87.
J. Gorostiaga, Flavióbriga. Colonia Romana,
Helmantica 5, 1954, 3 ff.

35 GERUNDA (Gerona)
Latinorum Gerundenses (Plin. 3, 23; vgl. den
IIvir: II 4622).

36 GRACCURRIS (Alfaro)
Municipium latin. Rechts (Vives IV 113, vgl.
Plin. 3, 24); vgl. oben 13.

37 IAMO (Ciudadela/Menorca)
Municipium Flavium I. (II 4538).

38 IESSO (Guisona)
Latinorum Iessonienses (Plin. 3, 23, vgl. den
IIvir: II 4610).
Keune, RE. Suppl. 3, 1918, 1197 f.

39 ILERDA (Lérida)
Latinische Kolonie wohl vor 89 v., später Muni-
cipium röm. Bürger; vgl. oben 11.
R. Pita Mercé, Datos arqueológicos ilerdenses,
Ilerda 12, 1954, 94 ff.

40 ILICI (Elche)
Colonia Iulia I. Augusta (Vives IV 39 ff., vgl.
Plin. 3, 19); wohl augusteisch.
García y Bellido, Homenaje Mergelina 371 f.

41 ILUGO (S. Esteban del Puerto b. Cazlona)
Municipium (II 3239), spätestens unter Had-
rian.
Keune, RE. Suppl. 3, 1918, 1231 f.

71

42 ILURO (Mataró)
Gemeinde röm. Bürger (Plin. 3, 22, vgl. den
IIvir $\overline{qq}$: II 4616), wohl vor 10 n.; vgl. oben 56
Anm. 65.
M. Ribas i Bertran, Els origens de Mataró,
Mataró 1964.

43 LABITOLOSA (b. Pueblo del Castro)
IIvir (II 3008).

44 LAMINIUM (b. Fuenllana)
Municipium Flavium L. (II 3251 u. ö.).

45 LANCIA (b. Villasabariego)
IIvir (II 4223), vgl. oben 63.
F. Jordá Cerdá, Lancia (ExcArqEsp. 1), Madrid
1962.

46 — (Lara de los Infantes b. Burgos)
IIvir (II 2853, frühestens Vespasian).

47 LEONICA
Latinorum Leonicenses (Plin. 3, 24).

48 LIBISOSA (Lezuza b. Albacete)
Colonia Forum Augustum L. (II 3234, vgl.
Plin. 3, 25), wohl augusteisch.
García y Bellido, Homenaje Mergelina 371.

49 LIMICI (b. Ginzo de Limia)
IIvir (II 4215); Privilegierung nach 141 n.,
vgl. oben 48 Anm. 84.

50 LIRIA EDETANORUM (Liria)
Latinorum Edetani (Plin. 3, 23; vgl. die IIviri:
II 3789 u. ö.).

51 LUCENTUM (Alicante)
Municipium latin. Rechts (II 5958, vgl. Plin. 3,
20).

52 MAGO (Mahón/Menorca)
Municipium Flavium M. (II 3708).

53 — (Mancha Real b. Jaén)
IIvir (II 3350).

54 MENTESA BASTITANORUM (La Guardia b.
Jaén)
IIIIvir (II 3380).

55 OSCA (Huesca)
Municipium Urbs Victrix O., röm. Bürger
(Vives IV 49 ff., vgl. Plin. 3, 24); spätestens
augusteisch.

56 OSICERDA
Municipium latin. Rechts (Vives IV 101, vgl.
Plin. 3, 24), spätestens unter Tiberius.

57 PALMA (Palma de Mallorca)
Latin. Kolonie wohl seit 123/22 v., später Municipium röm. Bürger, vgl. oben 10.

J. Camps Coll, En torno al problema de Palma
Romana, Crónica X Congr. Nac. de Arq.,
Mahon 1967 (Zaragoza 1969) 144 f.

58 POLLENTIA (Alcudia/Mallorca)
Latin. Kolonie wohl seit 123/22 v., später Mu-
nicipium röm. Bürger, vgl. oben 10.
M. Tarradell, D. E. Woods, A. Arribas, Las
excavaciones de la ciudad Romana de
Pollentia (Alcudia/Menorca), Crónica VII
Congr. Nac. de Arq., Barcelona 1961 (Zara-
goza 1962) 469 ff.

59 POMPAELO (Pamplona)
IIvir (II 2959 von 119 n.); Privilegierung nach
57 n. (II 2958).
M. A. Mezquiriz de Catalán, La excavación
estratigráfica de Pompaelo I, Pamplona 1958.

60 RHODE (Rosas)
Municipium Flavium R. (CIL VIII 1148), vgl.
oben 47 Anm. 80.

61 — (Sacedón b. Guadalajara)
IIviri (II 3167).

62 SAETABIS (Játiva)
Municipium S. Augusta, latin. Rechts (II 3624,
vgl. Plin. 3, 25), wahrscheinlich augusteisch.

63 SAGUNTUM (Sagunto, früher Murviedro)
Municipium röm. Bürger (II 3855 u. ö., vgl.
Plin. 3, 20); vor 9/8 v., vgl. oben 28 f.
Villaronga a. O.

64 SALARIA (Ubeda la Vieja b. Jaén)
Kolonie (II 3329, vgl. Plin. 3, 25), wahrscheinlich augusteisch; vgl. oben 27.

65 SIGARRA (Prats del Rey)
Municipium (II 4479).

66 TARRACO (Tarragona)
Colonia Iulia Urbs Triumphalis T. (II 4071,
vgl. Plin. 3, 21), wohl caesarisch.
J. M. Recasens i Comes, La ciutat de Tarragona
I, Barcelona 1966.

67 TEARUM
Latinorum Teari qui Iulienses (Plin. 3, 23).

68 TERMES (Tiermes)
IIIIviri (AE. 1953, 267), vgl. oben 52.

69 TUCIS (auf Mallorca)
Oppidum Latinum Tucis (Plin. 3, 77).

70 TUGIA (Toya)
Municipium Flavium T. (II 3251).

71 TURIASO (Tarazona)
Municipium röm. Bürger (Vives IV 89 ff., vgl.
Plin. 3, 24); spätestens unter Augustus.

72 VALENTIA (Valencia)
Bürgerkolonie vor 60 v., vgl. oben 12, 53 ff.
D. Fletcher Valls, Consideraciones sobre la fundación de Valencia, ArchPrehLev. 10, 1963, 193 ff.

73 VALERIA (Valera de Arriba)
Oppidani Latii veteris Valerienses (Plin. 3, 25, vgl. den IIvir: II 3179).
F. Suay, Informes de los hallazgos arqueológicos encontrados en la ciudad romana de Valeria, Crónica V Congr. Nac. de Arq., Zaragoza 1957 (ibid., 1959) 244 ff.

74 VERGILIA (Albuniel de Cambil b. Jaén)
Municipium (AE. 1915, 14).

75 VIVATIA (Baëza b. Jaén)
Municipium Flavium V. (II 3251).

REGISTER

A Ortsregister

B   Sachregister

C Quellenregister

I Inschriften

1596	59 A.84
1610	40 A.30; 43 A.53; 50 A.98
1631	43 A.53
1635	43 A.53; 50 A.98
1646	66 nr.37
1648	66 nr.33
1663	59 A.92
1721	68 nr.77
1725	14 A.56
1936	67 nr.44
1941	33 A.27; 65 nr.11
1944	68 nr.78
1945 (u. p. 704)	50 A.97
1946	14 A.56
1953/56	66 nr.19
1963 [lex Salpens.]	38 A.12
§ 21	37 A.11; 49 A.90; 50
§ 22/23	38 A.13 u. 16
§ 24	57 A.72
§ 25	49 A.92
§ 26	38 A.18; 39 A.24; 44f.; 56 A.56
§ 29	57 A.73; 58 A.74
1964 [lex Malac.]	38 A.12; 67 nr.47
§ 51	58 A.82
§ 52	28 A.117; 56 A.56
§ 53	38 A.20
§ 54	49 A.94
§ 63	57 A.69
1979	22 A.57
2009	67 nr.56
2021	45 A.67
2025	45 A.67; 68 nr.76
2026	54 A.36
2030	67 nr.63
2034	35 A.54; 65 nr.2
2041	36 A.55; 42 A.42
2096	43 A.53; 50 A.97 u. 98
2105	59 A.92; 68 nr.85
2106	68 nr.85
2121	66 nr.39
2126	10 A.23
2131	67 nr.59
2132/49a	59 A.92
2150	65 nr.12
2156	66 nr.24
2159	59 A.92
2186	67 nr.68
2194	41 A.32
2222	22 A.57
2227	56 A.58
2322	40 A.30 u. 31
2343	67 nr.48
2352	67 nr.42
2365	23 A.62; 67 nr.49
2381	40 A.30
2399	62 A.11
2423	30 A.138
2477	40 A.30; 47 A.75; 69 nr.4
2478	47 A.75
2516	48 A.84
2517	40 A.30; 48 A.84
2545	19 A.19
2581	30 A.140
2633	42 A.45
2633b/36	43 A.48
2647	60 A.93
2780	35 A.50
2853	71 nr.46
2886	17 A.6
2958/59	14 A.61; 71 nr.59
3008	71 nr.43
3073/89	53 A.29
3167	71 nr.61
3174	69 nr.3
3179	72 nr.73
3230	46 A.70
3234	71 nr.48
3236	40 A.30
3239	70 nr.41
3250	42 A.44
3251/52	47 A.78; 69 nr.9; 71 nr.44 u. 70; 72 nr.75
3263	46 A.70
3272	13 A.49
3278	66 nr.22; 68 nr.79; 70 nr.21
3329	71 nr.64
3350	6 A.41; 59 A.92; 71 nr.53
3351	67 nr.65
3362/63	47 A.78; 59 A.92; 69 nr.7
3379	59 A.92
3380	71 nr.54
3391	69 nr.1
3408	29 A.131
3412	40 A.30
3414	29 A.129
3417	56 A.65
3426	56 A.65; 60 A.93
3435	56 A.65
3556	26 A.98
3580	70 nr.29
3596	56 A.64
3624	71 nr.62
3663	47 A.79; 70 nr.30
3669	10 A.31
3695	43 A.48; 52 A.17; 69 nr.15
3696—98	10 A.31
3708	47 A.79; 71 nr.52
3733—37	12 A.44
3739/41/45	12 A.44
3789	71 nr.50
3827	28 A.116
3853/54	29 A.124 u. 125
3855	71 nr.63
3859	29 A.124

5332	14 A.56	**CIL XII** 701	20 A.35
6339	29 A.131; 38 A.13	1514/90/91	51 A.7
9025	23 A.59	1711	2 A.11
9062	14 A.56	1856	12 A.49
9631	13 A.49	1868	59 A.85
9642	38 A.13	2611	2 A.11
11799	14 A.56	3138	59 A.91
12386	2 A.13	3215	25 A.87
14395	5 A.37	4338	25 A.87
15207/12	54 A.42	4389	59 A.91
15563	14 A.56	4409	25 A.87
17842/43	5 A.37	4426	28 A.119
20853	48 A.87	4428/29/31	25 A.87
26482	54 A.42	5371	25 A.87
26590	54 A.42	**CIL XIII** 259	29 A.129
CIL IX 422	58 A.77	596—600	52 A.19
975	28 A.119	1668	37 A.10
1455	41 A.32	1684	59 A.85
1640	59 A.86	2924	22 A.49
2165	1 A.3	2949	59 A.85
2234	28 A.121	5089	45 A.67
4231	23 A.68	7335	29 A.131
5074/75	19 A. 27	**CIL XIV** 2171	28 A.123
5275	12 A.42	2634	51 A.2
5420	42 A.40	3601/09	28 A.123
5439	28 A.121	3612	28 A.123
5441	28 A.121	4058	60 A.95
CIL X 112	51 A.2	4254	51 A.2
227	28 A.119	**EE. VIII** 357 nr.6	30 A.133
411	58 A.80	367 nr.29	60 A.93
412	28 A.121	382 nr.82	67 nr.55
416/17	28 A.121	400 nr.112	63 A.21
543	29 A.131	448 nr.199	30 A.140
899	22 A.50	501 nr.273	19 A.19
1273	55 A.45	518 nr.301	46 A.73; 69 nr.19
1437/38	55 A.47	520 nr.303	68 nr.73
1491	59 A.86	522 nr.306	19 A.23; 65 nr.14
3940	23 A.68	IX 49 nr.119	24 A.74; 56 A.58
4559	51 A.2	133 nr.349	53 A.22
4570	28 A.121	147 nr.399	26 A.103
4585/87	28 A.121	148 nr.402	26 A.103
4847	22 A.50		
4876	61 A.97	**ExcArqEsp.** 58 p.7	9 A.15
5067/71/72	28 A.121	**FIRA I²** 89	44 A.58
5917	51 A.2	102ff.	44 A.58
5925/26	28 A.123	127f.	44 A.58
5961	58 A.80	141ff.	[= Tafel von Heraclea] 38 A.13;
8038	42 A.40		44 A.59; 45 A.61; 57 A.70
CIL XI 385/87	29 A.126	165f.	11
395	31 A.1	241	44 A.58
407	18 A.10	277	44 A.58
1849	55 A.53	404	17 A.3
2116/20	28 A.121		
3083	18 A.10	**Fouilles de Bélo** II 138 nr.10	34 A.37
4081	28 A.119	**HAE.** 14	29 A.131
5175	18 A.10	176	56 A.65; 59 A.92
6167	51 A.2; 55 A.54	180	56 A.59
7993	18 A.10	566	59 A.92

1065	62 A.9	MM. 7, 1966, 193	12 A.49
1416	25 A.83	Misceláneas M. Gómez-Moreno I 165	17 A.6
1457	10 A.31		
1483	23 A.62	Numisma III 6, 1953, 21	54 A.35
1562	42 A.47		
1647	62 A.11	StudClas. 4, 1962, 275	2 A.11
2079	5 A.37; 13 A.53		
ILLRP I 167	43 A.48	Veny, Corpus Inscr.Bal. 35	10 A.31
II 33	11 A.40	Viriatis 1, 1957, 99ff.	47 A.75
ILMar 56, 116	5 A.38		
ILS 1894/98/98a	56 A.64	Zephyrus 4, 1953, 503ff.	47 A.74

II Münzen

BMC Lycaonia, Isauria, Cilicia 101 nr.30, 102 nr.35		28ff. nr.1	18 A.13; 21 A.46
	51 A.5	3	18 A.13
		7, 10, 11	26 A.98
Cohen I² 105 nr.604/05	10 A.25	12, 16-21	28 A.120
		22	28 A.120; 29 A.129
Eckhel I 47	32 A.17	37	22 A.56
		39ff.	26 A.94; 70 nr.40
RIC I 76	15 A.67	nr.4 u. 9	56 A.65
215 nr.151	35 A.50	43 nr.1 u. 6	11 A.33
		44 nr.1, 4, 5	53 A.28
Vives II 20 nr.8 u. 9	29 A.125	49ff. nr.23	18 A.13; 71 nr.55
III 8ff. nr.25f.	17 A.6	54ff. nr.1—4	25 A.90
12f.	22 A.56	11—20	25 A.88; 69 nr.12
21 nr.14	68 nr.74	71ff. nr.12 u. 24	27 A.107
45 nr.3	34 A.40 u. 41	89ff. nr.7ff.	54 A.35; 71 nr.71
72ff. u. nr.4	22 A.49	96ff. nr.3ff.	70 nr.18
96 nr.3	56 A.63	101	71 nr.56
113	15 A.67	102ff.	25 A.83 u. 84; 70 nr.22
115 nr.1	10 A.23; 57 A.66	nr.1—7	5 A.32
2—4	10 A.23	5	11 A.38; 56 A.65
IV 6ff. nr.1	26 A.102; 70 nr.32	9ff.	5 A.32
2—24	26 A.104	108	70 nr.20
11ff.	29 A.125	109ff.	70 nr.33
15f. nr.1—3	56 A.65	111f. nr.3ff.	35 A.51; 58 A.81
17f. nr.1—4	31 A.8; 70 nr.28	113	13 A.51; 70 nr.36
21ff. nr.4—5	56 A.57	114ff.	32 A.21
9 u. 15	9 A.15; 56 A.57	117ff.	10 A.23
19 u. 23	9 A.15; 58 A.81	120ff. nr.6	11 A.33
29	9 A.13; 51 A.6	123f.	19 A.23
31 u. 33	58 A.81	125ff. nr.1 u. 2	12 A.47
42	9 A.14; 58 A.81		

III Literarische Quellen

Appian, Iber. 153	12 A.45	2, 19, 3	9 A.20; A.22
Asconius in Pisonian. p.2—3 C	37 A.8	2, 21, 1	10 A.22
3 C	2 A.8; 16 A.69	b. Alex. 48, 2	63 A.13
in Scaurian. p.22 C	3 A.21	52, 4	12 A.48
Aurelius Victor, Caes. 5, 2	31 A.2	57, 5	10 A.22
9, 8	37 A.4	b. Hisp. 32, 1	14 A.64
		32, 6	14 A.64
Caesar und Corpus Caes.:		Cicero, in Verrem 5, 40	12 A.42
b. civ. 1, 60, 2—4	31 A.6	5, 83	51 A.8
2, 18, 1	9 A.20	pro Sulla 60ff.	55 A.49